CATALOGUE

D'UNE BELLE COLLECTION DE

LETTRES AUTOGRAPHES

ET DE

LIVRES RARES ET CURIEUX.

PROVENANT D'UN CABINET CONNU

dont la vente aura lieu

RUE DES BONS-ENFANTS, 28, MAISON SILVESTRE, SALLE N° 4,

le lundi 15 mars 1858 et les cinq jours suivants

à sept heures du soir,

Par le ministère de Me BAUDRY, Commissaire-priseur, rue Sainte-Anne, 69,

Assisté de M. CHARAVAY.

PARIS

CHARAVAY, LIBRAIRE,

EXPERT EN AUTOGRAPHES,

Rue de Seine, n° 53.

1858.

CATALOGUE

D'UNE BELLE COLLECTION DE

LETTRES AUTOGRAPHES

ET DE

LIVRES RARES ET CURIEUX.

PROVENANT D'UN CABINET CONNU

dont la vente aura lieu

RUE DES BONS-ENFANTS, 28, MAISON SILVESTRE, SALLE N° 7,

le lundi 15 mars 1858 et les cinq jours suivants

à sept heures du soir,

Par le ministère de Me BAUDRY, Commissaire-priseur, rue Sainte-Anne, 69,
Assisté de M. CHARAVAY.

PARIS
CHARAVAY, LIBRAIRE,
EXPERT EN AUTOGRAPHES,
Rue de Seine, n° 53.

1858.

ORDRE DES VACATIONS.

Première vacation. Lundi 15 mars 1858 :
Autographes, de 1 à 134.

Deuxième vacation. Mardi 16 mars 1858 :
Autographes, de 135 à 273.

Troisième vacation. Mercredi 17 mars 1858 :
Autographes, de 274 à 412.

Quatrième vacation. Jeudi 18 mars 1858 :
Autographes, de 413 à 537.

Cinquième vacation. Vendredi 19 mars 1858 :
Autographes, de 538 à 675.

Sixième vacation. Samedi 20 mars 1858 :
Livres de 1 à la fin.

AVIS.

Il y aura, chaque jour de vente, de une heure à trois heures, exposition des autographes et livres qui seront vendus le soir.

On aura huit jours pour la vérification des autographes. Passé ce délai, aucune réclamation ne sera admise.

Le samedi 20 mars, avant de commencer le Catalogue des livres, on vendra environ 40 lots de bons ouvrages, sur l'histoire et la littérature, que le temps n'a pas permis de cataloguer.

Les acquéreurs paieront 5 pour cent en sus du prix d'adjudication, applicables aux frais.

M. Charavay remplira les commissions qu'on voudra bien lui confier.

STRASBOURG, TYPOGRAPHIE DE G. SILBERMANN.

CATALOGUE

DE

LETTRES AUTOGRAPHES.

1. **ABDEL-KADER** (l'émir).
   L., sig. de son cachet, en arabe, 1 p. in-8.
   Firman oriental, 1 p. double in-fol. Belle pièce.
2. **ACADÉMIE FRANÇAISE.** Trois lettres aut. sig.
   Guizot, 1821, 1 p. in-8. — Lamartine, 3/4 de p. in-8, plus 6 vers aut. — Scribe, à Régnier, 1 p. in-8.
3. **ACADÉMIE FRANÇAISE.** Cinq lettres aut. sig.
   Fontanes, 1/2 p. in-4. — Hugo (Vor), 1 p. in-8. Lamartine, 1 p. in-8. — Nodier (Ch.), 1 p. in-12. — Thiers (Ad.), 1 p. in-8.
4. **ACADÉMIE FRANÇAISE.** Six lettres aut. sig.
   Dupaty (E.), 1 p. in-8. — Salvandy, 1 p. 1/2 in-12. — Sicard (l'abbé), 1811, 1 p. in-18. — Viennet, 1/2 p. in-4. — Villemain, 1 p. in-8. — Vitet (L.), 1 p. in-4.
5. **ACADÉMIE FRANÇAISE.** Dix lettres aut. sig.
   Andrieux, 1 p. in-8. — Ballanche, 1 p. in-8. — Berryer, 1 p. in-8. — Ginguené, 1 p. in-8. — Guizot, 1 p. in-12. — Jouy, 1810, 1 p. 1/4 in-4. — Laya, 1 p. in-8. — Lemercier, 1 p. in-8. — Picard, 1 p. in-4. — Scribe (E.), 1 p. in-8.
6. **ACTEURS.** Quatre lettres aut. sig.
   Bouffé, 3/4 de p. in-8. — Duprez, 1 p. in-8. — Lafon, 1 p. in-8. — Mario, B. a., 1 p. in-18. — Michelot, 1/2 p. in-8.
7. **ACTRICES.** Sept lettres ou billets aut. sig.
   Bonnard (A.), 4 p. in-18. — Brocard (S.), 1 p. in-18. — Brohan (Augustine), 1/2 p. in-8. — Dorval, 1/2 p. in-8. — Lemesle, 1/2 p. in-8. — Verneuil (E.), 1 p. in-12. — Volnys, 1 p. in-8.
8. **ADRY** (J.-Félicissime), savant philologue et bibliographe.
   Traducteurs latins et français des auteurs grecs, et traducteurs français des auteurs latins, par ordre chronologique, avec une table alphabétique; manuscrit aut., 1809, 2 vol. in-4, cartonnés.
9. **ALBE** (Ferd. de Tolède, duc d'), grand capitaine espagnol.
   L. sig. en allemand; Bruxelles, 15 mars 1568, 3 p. in-fol. Cachet.
   Belle lettre, remplie de détails militaires.

10. ALENÇON (René, d'), renfermé par ordre de Louis XI dans une cage de fer.

Pièce sig. sur vélin; Alençon, 1474, in-4 en travers. Légère déchirure en tête.

Marguerite de Lorraine, duchesse d'Alençon, femme du précédent.

Quit. sig. sur vélin; Alençon 1508, in-fol. en travers.

11. ALENÇON (François de Valois, duc d'), frère de Charles IX.

L. sig. à M. de Tavannes, gouverneur de Bourgogne, avec la souscription aut.; Paris, 23 mars 1570, 1/2 p. in-fol. Cachet.

Relative au paiement du grand régiment des Suisses, qui vient d'être licencié et dont on craint la mutinerie. On vient de faire transporter à Dijon, pour cet objet, 60 *mil livres venant du costé de Nantes*, outre une autre somme tirée de Bourges.

12. LE MÊME.

L. aut. sig. au Vte de Turenne; 12 avril, 3/4 de p. in-fol. Rare. Belle pièce.

M. de Montaigu l'est venu trouver de la part de M. le prince, et il a reçu deux lettres, l'une de M. de Bonneval, l'autre d'un jeune gentilhomme, «Je entendu tout se qui mont dit, sur quoy je commande à set honnete homme de vous fayre entendre tout ce qui men semble....»

13. ALLEMANDS DIVERS. Onze lettres ou billets aut. sig.

Humboldt, le ministre; Marschner; Homeyer; Rafn, etc. 8 p. in-4. ou in-8.

14. AMIRAUX. Neuf lettres ou pièces.

Baudin, L. aut. sig. 2 p. in-8. — Decrès, L. aut. sig. 1 p. in-8. — Emeriau, Lettre terminée par 6 lignes aut. sig. — Rosily, L. aut. sig. 1787, 3/4 de p. in-4. — Roussin, L. aut. sig., 1 p. in-4. — Villaret Joyeuse, 2 grandes lignes aut. sig. au bas d'une demande, etc.

15. ANCILLON (J. P. F.). Historien prussien estimé et ministre des affaires étrangères.

L. aut. sig.; Paris, 19 mai 1814, 1 p. in-8.

Il annonce que le roi de Prusse, qui a déjà assisté à une séance de la cour royale, a, «contre toute attente, tellement pris goût au barreau, qu'il veut y retourner demain,» si M. Bellart porte la parole. Il pourrait résulter de tout ceci une révolution dans les formes du barreau prussien.

16. ANDRIEUX, poëte dramatique, de l'Académie française.

L. aut. sig., 3 p. in-4.

Intéressante réponse à des jeunes gens qui suivent son cours de belles-lettres au collége de France, sur la question «de savoir si Boileau, dans sa seconde satyre, adressée à Molière, a voulu, tout en louant notre poëte comique, lui donner une leçon indirecte, par des éloges, sur sa trop grande facilité à rimer.»

17. ANGOULÊME (Marie-Thérèse-Charlotte, duchesse d'), fille de Louis XVI et de Marie Antoinette.

Devoir d'Écriture aut. sig., 1786, 1 p. in-4.

18. ANNE DE FRANCE, duchesse de Beaujeu, régente.

L. sig. sur papier; Paris, 24 février, 1/2 p. in-4. Jolie lettre.

19. ANNE D'AUTRICHE, reine de France.

L. sig. sur papier, aux maires et échevins de Metz; Paris, 15 mai 1643, 1 p. in-fol.

Avis de la mort de Louis XIII, et de l'avénement de son successeur.

20. **ANTONIO** (Nicolas), bibliographe espagnol, auteur d'ouvrages estimés.

L. aut. sig. en espagnol; Rome, 16 décembre 1653, 2 p. in-fol.

Relative à la victoire de Sobieski sur les Turcs, et aux affaires de France et d'Espagne.

21. **ARCHITECTES** du siècle de Louis XIV.

Bailly (J. B.), Girard (Jean), Perrault (Jean), Le Proust, 4 pièces sig. sur vélin.

22. **ARENBERG** (le prince Auguste d'), comte de La Mark, célèbre par son dévouement pour Marie Antoinette, ami et exécuteur testamentaire de Mirabeau.

L. aut. sig. à M. Lanthois, médecin; Nice, 12 février 1827, 2 p. in-4. Cachet.

Charmante épître, entremêlée de vers en langue romane, empruntés aux anciens troubadours.

23. **ARGENTAL** (le c^te^ d'), ami de Voltaire.

L. aut. sig. à Grosley; Paris, 6 avril 1767, 1 p. in-4. Jolie épître.

24. **ARNAULD** (Ant.), dit *le Grand*, docteur de Sorbonne.

L. aut. sig. A. A. à S. A. Sérénissime ....; 13 décembre 1685, 2 p. in-8.

Il demande avec instance que le Père Hazard, auteur de livres où il avance des *calomnies horribles* contre Jansenius, soit tenu de se rétracter publiquement, sans quoi les parents de celui-ci poursuivront juridiquement le calomniateur.

25. **LE MÊME.**

L. aut. sig. A. A. au même; 26 avril 1686, 1 p. 1/4 in-8.

Toute relative à un livre, en latin, publié par le chancelier de Brabant, contre lui, Huygens et un autre, qu'il accuse d'avoir formé « un triumvirat conjuré à la ruine entière du sacrement de pénitence. »

26. **LE MÊME.**

L. aut. sig. au même; 3 avril 1690, 2 p. in-4.

Fort curieuse lettre. Il vient de recevoir un ordre d'exil, et il va être obligé, à l'âge de quatre-vingts ans, d'exposer sa vie et sa liberté, au milieu de l'agitation universelle de l'Europe, pour chercher un asile à l'étranger, au milieu des hérétiques, qu'il a combattus toute sa vie. Il attribue sa disgrâce à l'Espagne.

27. **ARNAULD D'ANDILLY** (Robert), célèbre solitaire de Port-Royal.

L. aut. sig. à la Reine; Port-Royal-des-Champs, 6 juillet 1659, 7 p. in-fol. Très-belle lettre.

Réponse à une lettre d'Anne d'Autriche, qui lui écrivait ses sentiments et lui *commandait* de lui faire connaître les siens, à propos des disputes sur le Jansénisme. Il se justifie et cherche à excuser ses amis de Port-Royal, qu'il croit parfaitement innocents. Les dissidences entre eux et leurs adversaires ne sont plus qu'une affaire *de mots*. « J'agis de si bonne foy, que je proteste à V. M. sur mon salut, qu'il n'y a ny *amis, ni proches*, ny frère que je n'abandonasse à l'heure mesme, s'ils se trouvoient légitimement convaincus de la moindre erreur en matière de religion. »

28. **AUBAIS** (le m^is^ d'), bibliophile célèbre, auteur d'une *Géographie historique*.

L. aut. sig.; Aubais, 16 avril 1725, 2 p. in-4.

Lettre pleine de nouvelles littéraires, écrite à un bénédictin. Il l'entretient particulièrement de la *Gallia christiana*, pour laquelle il a fourni des documents à feu sainte Marthe.

29. **AUMONT** (L. M. V., duc d'), numismate, membre de l'Académie des sciences, gouverneur du Boulonais,

qu'il défendit avec énergie contre les flottes de l'Angleterre.

L. aut. sig.; Boulogne 1694, 1 p. pet. in-4.

30. **AUTEURS DRAMATIQUES.** Soixante-trois lettres ou pièces aut. sig.

ALTAROCHE, CARMOUCHE, CLAIRVILLE, DUMERSAN, DUMANOIR, FÉVAL (Paul), LAYA (Alex.), LEGOUVÉ (Ern.), MONTÉPIN, PITRE-CHEVALIER, PYAT (Félix), etc.

31. **AVAUX** (Cl. de MESMES, c^te d'), diplomate, négociateur de la paix de Munster.

L. aut. sig.; Münster, 4 juillet 1640, 1 p. pl. in-fol.

Relative à la question de savoir si, par le traité de paix qui va se conclure, l'Alsace sera possédée en fief ou en souveraineté par la France.

32. **AYDIE** (le chevalier d'), amant de Mademoiselle Aïssé, ami de Montesquieu et de Voltaire.

L. aut. à l'abbé Alari; Madrid, 20 nov. 1741, 3 p. pl. in-4.

Nouvelles politiques. Il vient d'être nommé, à la recommandation de l'Infant, commandant de la Vieille-Castille, avec le titre de capitaine général.

33. **BALUZE** (Ét.), savant généalogiste et historien.

L. aut. sig. à Duverdier; Paris, 20 juin 1699, 1 p. in-4. Cachet.

Relative à l'exécution de Madame Tiquet, qui a eu lieu hier, fort maladroitement, «car elle a reçu sept coups de glaive. Elle monta sur le théâtre avec une grande fermeté. On dit que c'estoit une belle femme. Il y avoit dans la place de Grève un carrosse drapé, avec quatre chevaux, qui attendoit l'exécution, dans lequel ont mis son corps, qui fut ensuite porté à Saint-Sulpice...»

34. **LE MÊME.**

L. aut. sig. à Dom Estiennot; Paris, 13 janvier 1690, 2 p. in-8.

Relative aux travaux des Bénédictins, et à la *Vie des papes*, dont il s'occupe lui-même.

35. **LE MÊME.**

L. aut. sig. en latin, au cardinal de Noris; Paris 1700, 1 p. in-4.

Relative à la mort du cardinal Jérome Casanate, bibliothécaire du Vatican, qu'il désire voir remplacer par Noris....

36. **BARTSCH** (Adam), conservateur des estampes du cabinet de Vienne.

1° L. aut. sig. à M. Joly; Vienne, 1808, 1 p. 3/4 in-4.

Demande de calques de diverses estampes de la Biblioth. imp. de Paris, dont il a besoin pour achever son *Catalogue raisonné des estampes de Marc-Antoine et de ses disciples*, qui surpassera en importance ses 11 vol. du *Peintre-graveur*.

2° Billet aut. sig., 1 p. in-8, en travers.

37. **BAUSSET** (le cardinal de), historien de *Bossuet* et de *Fénelon*, de l'Acad. franç.

L. aut. sig. à l'avocat général Marchangy; Paris, 14 janvier 1821, 3 p. in-4.

Curieuse lettre relative au procès que lui fait le libraire Michaud ainsi qu'à l'imprimeur Lebel, pour la 3e éd. de son histoire de *Fénelon*.

38. **BAVIÈRE** (Henriette-Adélaïde de Savoie, électrice de), femme du duc Ferdinand-Marie.

L. aut. à la princesse de Courtenay; Dacau, 15 août 1674, 3 p. in-fol. Cachets et soies.

39. **BAYART** (Pierre *Du Terrail*, seigneur de), le *chevalier sans peur et sans reproche.*

L. aut. sig. à M. d'Alègre, 1 p. 1/4 in-fol. *Rare.* Très-belle pièce.

M. d'Alègre a envoyé la solde des Lansquenets, mais il manque 220 ducats, et, si l'on n'achève de les payer, ils vont se débander et vivre sur le pays. Pratiques qu'ils sont journellement, il est à craindre qu'ils n'abandonnent la place. Bayart insiste pour qu'on n'interrompe plus, à l'avenir, la solde de ces mercenaires; les promesses sont pour eux *mayyre chee*, et ils «ne se payent d'ordynayre avecq les mots de fidelyte et honneur.» — Cette pièce est vraisemblablement relative à la guerre de Naples, sous Charles VIII, à laquelle le chevalier prit une si glorieuse part.

40. **BAYLE** (Pierre), philosophe illustre du XVIIe siècle.

L. aut. 8 novembre 1696, 2 p. pl. in-4.

Toute pleine de nouvelles littéraires, et relative à son *Dictionnaire*, qui a été achevé d'imprimer le 24 du mois dernier, et dont on ne permet pas l'entrée en France. Il faudra bientôt le réimprimer, «En ce cas là je m'appliquerai avec un grand soin à donner une 2e édition bien corrigée, et avec peu d'additions, réservant ce qui me reste à donner, qui pourrait être un fort gros ouvrage, ou à un supplément, ou à une 3e édition.»

41. **BEAU** (J.-B.), jésuite, historien, né en Provence.

L. aut. sig. à M. d'Hozier; Rhodez, 25 janv. 1650, 2 p. in-fol. Cachet.

Singulière épître, dans laquelle il explique à d'Hozier qu'il veut faire «un recueil des plus belles actions de générosité que les François ont fait dans l'usage *Radime* des armes.» Voulant enrichir cet ouvrage, «des armes acquises par des actions générales,» il s'adresse à l'homme qui, par sa profonde connaissance de toutes les familles nobles du royaume, est le plus capable de le renseigner à cet égard. Il l'avertit d'abord qu'il n'a pas trouvé lui-même vingt-cinq ou trente familles qui pussent justifier, sur des faits authentiques, de l'origine de leurs armoiries. «En effet, Monsieur, puisque nous avons en France des belles vérités à débiter, laissons les feintes pour les faiseurs de romans.»

42. **BEAUVILLIER** (Paul, duc de), ministre, gouverneur du duc de Bourgogne.

L. aut. sig.; 12 août 1713, 2 p. 1/2 in-4.

43 **BELLARMIN** (Robert), cardinal, savant controversiste.

L. sig. en latin, à Carolus Campignus, Bénédictin; Rome, 8 avril 1618, 1 p. 1/2 in-fol. Cachet.

Relative à des dissensions dans l'ordre des religieux Célestins.

44. **BELLIÈVRE** (Pomponne de), diplomate, chancelier de France sous Henri IV.

L. aut. sig. à Villeroy, secrétaire des commandements de Henri IV; Paris, 9 mars 1602, 3 p. pl. in-fol.

Très-belle pièce, d'un haut intérêt historique. C'est un rapport, sans doute pour être soumis au roi, de toutes les affaires pendantes au conseil des ministres. On y remarque un curieux passage sur les duels qui furent défendus la même année par un édit; une autre partie traite de la conférence de Vervins, touchant le fait du Chapitre et de l'évêque de Verdun; enfin une séance du conseil à propos de troubles graves survenus à Tulles et à Brives. «Les peuples en ces deux villes se sont armés conduits par le magistrat, maires et eschevins, ont dit, oultre la rebellion, des paroles si atroces contre la majesté du Roy, que si je leusse sceu auparavant ce fait eut esté entendu de peu aultres personnes, que le Roy est un voleur et que il les volle, avec tant de villanies et atrocité de langage que j'avois honte de l'ouyr...»

44 *bis.* **LE MÊME.**

L. aut. sig. au même; 11 mai 1604, 4 p. in-fol.

Toute relative au procès du commis de Villeroy, L'Hoste (accusé de communiquer à l'Espagne les délibérations du conseil).

45. **BELZUNCE** (H. de), évêque de Marseille, célèbre par son dévouement pendant la peste de 1720.

L. aut. sig.; Aubagne, 1er octobre 1734, 2 p. in-4.

Relative aux affaires du Parlement, et du clergé, qui est dans *l'alarme et le découragement*. «Ne pourrons-nous pas espérer que vous dissiperez nos craintes, Messieurs, et que vous ranimerez nos espérances.»

46. **BEMBO** (le cardinal Pierre), illustre écrivain vénitien, secrétaire de Léon X.

L. sig. en latin, écrite au nom de Léon X, à Léonard Lauredan, duc de Venise; Rome, 22 mai 1516, in-fol. en travers. Trace de cachet. *Belle pièce sur vélin.*

47. **LE MÊME.**

L. sig. sur vélin; en latin, au nom de Léon X, à Sébast. Mavro, proviseur de la flotte de Venise; Rome, 30 janv. 1517, in-fol. en travers. *Belle pièce.*

48. **BÉNÉDICTINS** de la Congrégation de Saint-Maur. Cinq lettres aut. sig.

Cordier (Pierre), 1707, 1 p. in-4. — Garnier (Julien), Au Mans, 1699, 1 p. in-4. — Germain (Michel), à Dom Claude de Bretagne; Florence 1686, 3 p. in-4. — Louvard (Fois), la Bastille, 15 octobre 1729, 2 p. in-4. — Thuillier (Vincent), à M. Lancelot; 14 février 1726, 1 p. in-4.

49. **BENGEL** (J. Albert), savant helléniste et théologien allemand.

L. aut. sig. en latin; Denkendorf, 31 mars 1721, 4 p. in-4.

Belle lettre, concernant Saint-Jean Chrysostome.

50. **BENZELIUS** (Eric), archevêque d'Upsal et fondateur de l'Académie de cette ville.

L. aut. sig. en latin, à l'abbé Bignon; Upsal, 12 août 1712, 3 p. in-4.

Épître intéressante, toute consacrée à des nouvelles scientifiques, littéraires et bibliographiques.

51. **BÉRANGER** (P. J. de), poëte chansonnier.

L. aut. sig., 1834, 2 p. in-12.

Il vient d'apprendre la mort d'Arnault, et il en est vivement affecté. «Savez-vous que voilà bien de mes anciennes connaissances que je vois s'en aller. Celui-là aussi a été une réputation. Qu'en restera-t-il? Et moi, quand je partirai? Ma foi! qu'importe, si je peux m'endormir aussi heureusement!»

52. **LE MÊME.**

L'ami Robin, chanson aut., 2 p. in-12.

53. **LE MÊME.**

Billet aut. sig. à M. Didier; 26 févr., 1 p. in-12.

54. **BERNOUILLI** (Daniel), astronome, de l'Académie des sciences.

L. aut. sig.; Dantzik, 11 juillet 1723, 3 p. 1/2 in-4, légèrement piquée d'humidité dans la marge inférieure.

Lettre fort intéressante, adressée à Saint-Pétersbourg, probablement à L. Delisle, astronome français qui s'était fixé en Russie. Bernouilli lui donne la relation de son voyage et de ses expériences depuis son départ de Pétersbourg, et lui dit après que son vaisseau a été submergé: «Vous voyez bien que cette lettre s'en ressent.»

55. **BERTHIER** (P. Alex.), prince de Wagram et de Neufchâtel, maréchal de France.

1° L. aut. sig.; Versailles, 8 janvier 1790, 2 p. in-4.

Rapport sur une émeute du peuple de Versailles, qui força la municipalité à taxer le pain à deux sous la livre.

2° Cinq L. sig., de l'an XII à 1807.

56. **LE MÊME.**

1° L. aut. sig. *Alex. B.*, au général Kellermann; Nice an IV, 4 p. in-4.

Belle lettre, dans laquelle il annonce que Scherer vient de remettre le commandement de l'armée d'Italie à Bonaparte.

2° Six L. ou ordres sig. comme *major-général*, au duc de Valmy; Brienne et Saint-Dizier, 1814, 11 p. in-4. ou in-fol.

Toutes ces pièces sont relatives aux opérations militaires pendant la campagne de France.

57. **BERWICK** (Jacques, duc de), maréchal de France, fils naturel de Jacques II, né à Moulins.

L. aut. sig. (probablement au ministre de la guerre); au camp de St. Sébastien, 13 août 1719, 3/4 de p. in-4.

Témoignages de reconnaissance pour ce qu'il a fait pour lui auprès de S. A. Royale.

58. **BÈZE** (Théodore de), illustre réformateur.

L. aut. sig. en latin, à Maclovius Pomponius; Paris, 3 mai, 1 p. 3/4 in-fol. Belle lettre d'amitié.

59. **BIBLIOGRAPHES.** Trois lettres aut. sig.

Fontanini (Juste), savant italien, auteur du *bibliotheca card. imperialis catalogus*. L. aut. sig. en italien à Mabillon. Rome 1712, 3 p. in-8. Tachée de rousseur. Saxius (Jos. Ant.), préfet de la bibliothèque ambroisienne. L. aut. sig. en latin, 1 p. in-8. Wetstein (J. Henri), libraire et philologue hollandais. L. aut. sig.; Amsterdam 1700, 1 p. 3/4 in-4.

60. **BIBLIOGRAPHES ET BIBLIOPHILES.** Cinq lettres aut. sig.

Brunet père, 1813, 1 p. in-4. — Gibelin, bibliothécaire d'Aix, 1789, 2 p. 1/2 in-4. — La Vallière (le duc de), à Mercier Saint-Léger, 1757, 3/4 de p. in-4. Demande de différents livres rares. — Spencer (lord), 1827, 3/4 de p. in-8. — Van-praet, 1821, 1 p. in-4.

61. **BIRON** (Charles de Gontaut, duc de), maréchal et grand amiral de France, décapité à la Bastille en 1602.

Ordre aut. sig. à M. de Jauge, aide-maréchal-de-camp; (Amiens 1597), 1 p. in 4.

Curieuse pièce relative au siége d'Amiens, dont s'étaient emparés les Espagnols. Il ordonne de laisser passer ceux qui sortent de la ville, mais d'arrêter les gens qui y entrent. «Les paysans qui leur apportent des vivres sont de bonne prise.»

62. **LE MÊME.**

L. aut. sig. au roi Henri IV; Dijon, 27 avril (1600), 3 p. pl. in-fol. Très-belle lettre.

Il prie le roi de conserver à M. *Basel* le commandement des îles de *Martaigue*, qui viennent d'être données au duc de Vendôme par son contrat de mariage avec Mlle de Mercœur.

63. **BOCHART** (Samuel), savant orientaliste, né à Rouen.

L. aut. sig. à Huet; Caën, 27 mai 1661, 3 p. in-4. Cachet.

Relative à un livre qu'il fait imprimer, à des traductions de l'arabe par M. Vallier, à la Bibliothèque du roi, et à plusieurs bibliothèques privées de Paris.

64. **BODONI** (J. B.), célèbre imprimeur de Parme.

L. aut. sig. en italien; Parme 1792, 2 p. in-4.

Relative à l'impression de son Virgile.

65. **BOETTIGER** (Ch. Aug.), archéologue allemand.

L. aut. sig. en allemand; Weimar, 3 p. in-8.

66. **BOILEAU-DESPRÉAUX** (Nicolas), notre illustre poëte satirique.

Chanson à boire, faicte aux nopces de M. de La Moignon de Baseille. Pièce de vers aut., 2 p. in-12.

67. **BOISROBERT** (F. Metel de), poëte de l'Acad. fr.

L. aut. sig. à d'Hozier; (1630), 2 p. in-4.

Pièce historique, relative aux sièges de Saluces et de Cazal, à «l'attente du Mazarin, à qui le Roy a fait tenir des chevaux sur le grand chemin,» et aux drapeaux apportés à Paris par le comte de More. Ces drapeaux, tout ensanglantés, seront déposés à N. Dame. M. de More les arborera en entrant dans la ville, et sera suivi de toute la noblesse.

68. **BOIVIN** (Jean), helléniste, de l'Acad. fr.

L. aut. sig. au révérend Père .....; en la bibliothèque du roy, 10 mars 1726, 2 p. in-8.

Il lui demande, pour l'abbé Dubos, sa *Réponse au Mémoire de M. de Soissons.* «Il souhaiteroit fort d'en faire passer un exemplaire en Angleterre, où il a de grandes habitudes.»

69. **BONAPARTE**, premier consul.

Brevet sig. sur vélin, an XI, in-fol.

70. **BONAPARTE** (Lucien), ministre, député et poëte.

L. sig., an VIII, 1 p. 1/2 in-4.

Bonaparte (Pauline), princesse Borghèse.

Quatre L. ou pièces sig. 1811-14, plus trois L. ou pièces sig. par Félix *Bacciochi*.

71. **BONAPARTE** (Joseph et Louis), frères de Napoléon.

Deux L. sig. avec la souscription aut.; Paris, 1806-15. 2. p. in-4.

72. **BOSSUET** (Bénigne), illustre évêque de Meaux.

P. sig. et contresig. par l'abbé *Ledieu*; 5 février 1686, 1 p. in-4.

73. **BOUFFLERS** (L.-F., duc de), maréchal de France, célèbre par sa défense de Lille et la belle retraite qu'il fit après la bataille de Malplaquet.

L. aut. sig. à Mlle de Scudery; 21 août 1678, 1 p. in-4. Enveloppe et cachet.

Jolie épître, dans laquelle il la prie de lui conserver son estime, «bien si recherché de tout le monde.»

74. **LE MÊME.**

1° L. sig. avec neuf lignes aut.; au camp devant Charleroi, 19 oct. 1692, 3 p. in-4.

2° P. sig. 1707, 1 p. in-fol. Cachet.

75. **BOUHIER** (Jean), président au parlement de Dijon, de l'Acad. fr.

L. aut. sig. (à Montfaucon); Dijon, 21 juillet 1723, 1 p. 1/2 in-4.

Relative au curieux livre *De originibus rerum*, de Guillaume Pastrengo, que Montfaucon appelle *Magister Petrarchæ*.

76. **BOURBON** (Jean II, duc de) connétable de France, dit *le Bon* et *le Fléau des Anglais*, chef de la Ligue du bien public, né en 1426, mort en 1488.

L. sig. avec la souscription aut., au roi (Louis XI); Moulins, 6 août (1465), 1 p. in-fol. légèrement raccommodée, et tachée d'eau.

Son frère, l'evêque de Liège, ayant été l'objet de *grans effors, excès et entreprises* de la part de la *commune et habitans* de la cité, il demande pour lui la protection du roi.

77. **BOURBON** (Charles, d'abord *cardinal de Vendôme*, puis Cardinal de), ligueur, et, comme son oncle, compétiteur de Henri IV au trône.

L. aut sig. à son cousin ; Tours, 16 mai 1590, 1 p. in-fol.

Pièce historique. — Il lui annonce la mort de son oncle (le cardinal de Bourbon, proclamé roi sous le nom de Charles X), «qu'il a pleu à Dieu appeller à soy apres avoir esté fort travaillé de la pierre qui lui a donné une retention et inflammation d'urine, et faict jecter le sang qui luy a apporté une fiebvre continue et enfin la mort.» Le corps du défunt va être transporté à la Chartreuse de Gaillon, «ou il a eslu sa sepulture et son cueur à Rouen. «Je noublieray ny espargneray rien de ce que je doibz à l'honneur de sa mémoire pour ne me rendre seulement successeur des charges qu'il mavoit resignées en leglise ains (mais) aussy de ses sainctes intentions.»

78. **BOURBON** (Marie de), tante du cardinal de ce nom.

L. aut. sig. (au duc de Nevers) ; Amiens, 5 octobre 1589, 1 p. in-fol.

Belle et interessante pièce, dans laquelle elle le prie de l'aider à retirer de prison M. de Guise, son neveu.

79. **BOURBON-VENDOME** (Eléonore de), tante de Henri IV, abbesse de Fontevrauld.

L. aut. sig. à la Royne (Marie de Médicis) ; Fontevrauld, 13 octobre (1602), 1 p. in-4. Cachets.

Très-affectueuse lettre sur le prochain accouchement de Marie de Médicis. «Je suis assurée par Madame de Guyse ma niepce que vous estes en bonne dispositon et tantost preste de faire vos couches.»

80. **BOURDON** (Leonard), conventionnel ultra-montagnard.

L. aut. sig. comme *commissaire national à Orléans*, à la section révolutionnaire de Gravillers ; (Orléans), 6 sept. 1792, 2 p. in-4.

«Envoyé, d'après un décret de l'ass. nationale, commissaire pour accélerer les jugements de la haute cour à Orléans», il rend compte des tristes scènes dont il a été témoin avec ses collègues, et de l'energie qu'il leur a fallu déployer pour sauver la ville des *horreurs de la guerre civile*. Il attend les ordres de Danton pour savoir ce qui lui reste à faire.

81. **BOURGOGNE** (Louis, duc de), fils de Louis XIV.

Abrégé du droit français, manuscrit aut. achevé le 23 décembre 1697, (il avait alors 15 ans). 144 p. in-4. Taché d'eau.

82. **BOUTARD** (l'abbé, F^ois^), de l'Acad. des belles-lettres, né à Troyes.

L. aut. sig. ; Paris, 25 septembre 1705, 2 p. in-8.

83. **BOUTEVILLE** (Fr. de Montmorency, c^te^ de), fameux bretteur, que son duel avec Beuvron fit monter sur l'échafaud, en 1627.

L. aut. sig. à M. Levesque, receveur du domaine de Senlis, 1 p. pet. in-fol.

Lettre curieuse par son ortographe inculte. Il réclame ses gages de Baillif, *à coze* qu'il doit quelque argent à des *onnetes jans*.

84. **BOZE** (~~Cl. Gros de~~), érudit, de l'Acad. fr.

L. aut sig. ; Paris 1655, 1 p. in-4.

85. **LE MÊME.**

L. sig. : Paris 1723, 3 p. in-4.

Relative aux finances.

86. **BRILLAT-SAVARIN**, auteur de la *Physiologie du goût*.

L. aut. sig. ; amberieux, 1 p. 1/4 in-4.

87. **LE MÊME.**

L. aut. sig. à Huzard, de l'institut ; Paris 1821, 1 p. in-4., avec la réponse de celui-ci au verso.

88. **BROSSETTE** (Claude), avocat érudit, ami et commentateur de Boileau.

L. aut. sig. à M. Claufrier; Lyon, 19 août 1714, 2 p. in-4. Cachet.

Il l'entretient de la sédition qui a eu lieu à Lyon, et du procès des coupables, puis de l'arrivée, dans cette ville, de la Reine de Pologne, qui y a été reçue avec beaucoup de magnificence.

89. **BROTIER** (Gabriel), savant jésuite, commentateur de Tacite.

Notes aut. sur l'histoire ancienne, l'hist. de France, l'hist. ecclésiastique, et sur différents sujets d'érudition et de littérature, 65 p. de divers formats.

90. **LE MÊME.**

L. aut. sig. à M. de La Tour; Tanney, 9 juin 1782, 2 p. in-4. Cachet.

Relative à son livre *Lois militaires des Romains*, à l'abondante récolte de cette année, à Bougainville, et à des soumissions faites par les villes de la Bourgogne, pour réparer *nos dommages*.

91. **LE MÊME.**

L. aut. sig. à M. de La Tour, 1786, 2 p. in-4. Cachet.

Belle lettre, remplie de détails sur l'audience que le roi a donnée à son parlement de Bordeaux.

92. **BRUNSWICK** (Éric, duc de), dit *le Jeune*, général de Charles-Quint et de Philippe II.

L. aut. sig. en espagnol, à sa mère, 1576, 2 p. in-fol. Cachets.

93. **BUFFON**, notre grand naturaliste.

L. sig.; Montbard, 13 février 1778, 4 p. in-4.

Relative aux diverses variétés de Caïaus, à l'*Ode de Lebrun sur la campagne d'Italie du prince de Conti*, et à l'entreprise littéraire de M. de La Blancherie.

94. **BULLES DE PAPES**, sur vélin, avec sceaux en plomb, contresignées seulement par les cardinaux, et toutes relatives à Venise.

Alexandre VII, 2 pièces; Benoit XIV, 3 pièces; Clément XI, 6 pièces; Clément XIII, 4 pièces; Innocent XI, 7 pièces; Paul II, 1 pièce; Paul V, 2 pièces; Urbain VIII, 4 pièces. — En tout, 29 pièces. Ce lot pourra être divisé.

95. **BYRON** (Georges-Noel Gordon, lord), illustre poète anglais.

L. sig. en italien; Gênes, 5 mai 1823, 2 p. in-4.

96. **CALVIN** (Jean), l'illustre réformateur.

L. aut. sig., en latin, à Guillaume Farel (qui embrassa la réforme avant Calvin et l'attira à Genève); 15 juin 1544, 1 p. in-fol. Très-belle pièce.

97. **CAMPBELL** (Thomas), poëte anglais.

L. aut. sig. en anglais. 1834. 1 p. in-8.

98. **CAMUS** (A. Gaston), constituant et conventionnel célèbre.

L. aut. sig.; Paris, 3 septembre 1786, 3 p. in-4.

Il donne son opinion sur l'ouvrage de Lanjuinais, *Mémoire sur les différentes Espèces de Dîmes*.

99. **CANNING** (Georges), illustre homme d'état et orateur anglais.

L. aut. sig. en anglais. 1824, 2 p. in-8.

100. **CARDINAUX FRANÇAIS.** Quatre lettres aut. sig.

Bouillon, 1709, 1 p. in-4. — Larochefoucauld, 1783, 1 p. in-4. — Rohan (Arm. Gaston de), 1747, 1/2 p. in-4.

101. **CARDINAUX FRANÇAIS.** Huit lettres sig.

BISSY, 1 p. in-4. — NOAILLES, 1723, 2 p. 1/2 in-4. — DUBOIS, 1722, 1 p. in-fol. — JANSON (Forbin), 1702, 2 p. 1/2 in-fol. — TENCIN, deux L. 1756, 2 p. in-4. — Plus : GUISE, abbé de Saint-Victor, 1572, et LORRAINE (Charles, C^al de), 1572, 2 pièces sig. sur vélin.

102. **CARDINAUX ITALIENS.** Sept lettres.

~~ALBANI (d'), L. aut. sig. 1727, 1 p. 1/2 in-8.~~ — CARAFA, L. sig. 1729, 1 p. in-fol. — COLONNA, L. sig. 1707, 1 p. in-fol. — GINETTI, L. sig. 1631, 1 p. in-fol. — GUALTERIO, L. aut. sig. 1720, 1 p. 1/2 in-4. — ~~PORZIA, L. sig. 1735, 1 p. in-4.~~ — QUERINI, savant bibliothécaire, L. aut. sig. 1753, 1 p. in-4.

103. **CARDINAUX**, archevêques, évêques et divers ecclésiastiques. Quatre-vingt-quinze lettres ou pièces, aut. sig. ou seulement sig.

GARIBALDI, MAI, PROMPSAULT, PRADT, QUELEN, etc.

104. **CAROLINE** (Marie), reine de Naples, épouse de Ferdinand IV, célèbre par sa haine constante contre les Français.

L. aut. sig. *Charlotte*, 3/4 de p. in-8.

105. **CASAUBON** (Isaac), illustre critique protestant.

L. aut. sig. en latin, à Lectius; Paris 1605, 2 p. in-4.

Relative à Aug. de Thou et à Borelli.

106. **CATHERINE DE MÉDICIS**, reine de France.

L. aut. sig. à son cousin...; Paris, 6 février 1586, 1 p. 1/2 in-fol.

Belle et intéressante pièce, d'une conservation remarquable, adressée vraisemblablement à Guise *Le balafré*. — Elle lui dit que le roi, son fils, lui reproche deux choses : premièrement, *la hale* qu'il aurait *proposée et pourxuyvie à Romme*, au préjudice de l'armée royale ; secondement, ses paroles de blâme à propos de la personne et des actions de Sa Majesté. Il demande des preuves ; mais elle lui répond « qu'il y a un chemin plus court que celuy là » : c'est d'écrire au roi une lettre de soumission, dont elle lui dicte les termes » : « Ce qu'il me semble que vous deves executer au plutost afin de metre une fin a tous ces propos sans vous arester davantage a demander que les auteurs d'yceux soyent nommes d'autant que cela serviroit plustost a aygrir le mal que a le guarir et a augmenter la peyne en laquele nous nous trouvons que a nous en tirer.... »

107. **LA MÊME.**

L. aut. sig. au même ; Paris, 21 mars 1586, 2 p. in-fol.

Pièce également bien conservée, et relative au même sujet. — Elle le prie d'envoyer un *honneste remerciment* au roi pour la lettre qu'il en a reçue, et l'assurer qu'il veut « à l'avenir l'honorer et servir selon son intention en toutes choses et le rendre content entièrement de ses actions. » S'il suit ce conseil, elle aura plus de moyen et de courage pour plaider sa cause.

108. **CATHERINE DE BOURBON**, princesse de NAVARRE, sœur de Henri IV et femme de Henri de Lorraine.

L. aut. sig. à M. de Fresne, 1 p. in-4.

109. **CATINAT** (Nicolas), maréchal de France.

1° L. aut. sig. (au duc de Vendôme) ; Oulx, 19 avril 1694, 3 p. 1/2 in-4.

Belle et intéressante lettre, roulant sur divers sujets : regrets sur la mort de son neveu, premier prés. du parlem. de Grenoble ; sa joie de la prochaine arrivée du duc de Vendôme à l'armée ; marche des troupes, et nouvelles du duc de Savoie ; conjectures sur l'arrivée du roi. « Quoy qu'il en soit, je voudrois de tout mon cœur qu'il se tint à Versaille dans le centre des affaires, d'ou sa lumiere se repandroit egalement par tout. »

2° L. sig. ; Oulx, 5 avril 1692, 1 p. in-4.

110. **LE MÊME.**

L. sig. : au camp de Dibion, le 23 août 1695, 1 p. in-4.
Relative à la défense de la Provence et du haut Dauphiné.

111. **CENSEURS ROYAUX** avant la révolution. Quinze lettres, la plupart aut. sig., des suivants :

Ameilhon, Artaud, Capperonnier, De Guignes, Demachy, Guidi, La Laure, Lebas, Le Bègue de Presle, Mentelle, Parmentier, Prétot, Raulin, Riballier, Roy (l'abbé).
Comptes-rendus, faits par ordre du garde des sceaux, de différents ouvrages.

112. **CHAMILLART** l'aîné (Ét.), jésuite, numismate.

L. aut. sig. Paris, 15 juillet. 1 p. in-4.

113. **CHARLES VIII**, roi de France.

L. sig. sur papier, à la chambre des comptes; au Plessis, 26 septembre, 3/4 de p. in-4.
Ordre de contraindre les receveurs des terres de feu la comtesse de Tancarville, cousine du roi, à venir rendre leurs comptes.

114. **CHARLES IX**, roi de France.

L. sig. sur papier, au duc Eric de Brunswik ; Paris, 11 juillet 1572, 1/2 p. in-fol.
Il lui a envoyé des passeports pour aller à Clermont mettre ordre à ses affaires.

115. **CHAROLAIS** (Charles de *Bourbon*, c^te^ de), prince du sang, fameux par ses débauches et sa froide cruauté.

L. aut. sig. ; Marli, 14 mai 1711, 3/4 de p. in-4.
Lettre de condoléance sur la mort de *Monseigneur* (le Grand Dauphin, qui avait succombé à la petite vérole, le 14 avril).

116. **CHARPENTIER** (F^ois^), littérateur, de l'Acad. fr.

L. aut. sig. à Monseigneur ...; 3 février 1668, 1 p. in-fol.
Remerciments très-affectueux au sujet d'une gratification que lui a fait obtenir le ministre.

117. **CHATEAUBRIAND** (le v^te^ de), de l'Acad. fr.

L. aut. sig. à (M. de Chateaugiron), 1811, 2 p. in-4.
Relative au choix d'un sujet, dans les *Martyrs*, pour un jeune peintre.

118. **CHATEAURENAULT** (F. L., c^te^ de), maréchal de France et contre-amiral, capitaine-général de l'Océan sous Philippe V.

L. aut. sig. à M. de La Garde ; Dinant, 17 déc. 1711, 1 p. pl. in-4.

119. **CHATEL** (l'abbé Ferdinand-François), primat de l'église catholique française.

1° L. aut. sig. et deux L. sig., 2 p. in-8.

2° Convention sig., avec le libraire Prévost, auquel il accorde le privilége de l'impression, reliure et vente de tous les livres de prières de l'église française ; Paris, 1er juillet 1831. 2 p. in-4.

120. **CHAULIEU** (Guil. *Amfrye*), l'un des premiers poètes lyriques français.

L. sig. (à la duchesse de Bouillon) ; (1712), 6 p. in-4.
Touchante épître, prose et vers, toute relative à la mort de son ami La Fare, et aux liens qui les unissaient.

121. **CHIFFLET** (P. F^ois^), jésuite, érudit et historien.

L. aut. sig. ; Dijon, 1er octobre 1674. 1 p. in-4.

122. **CODURE** (Ph.), ministre protestant, savant hébraïsant, né à Annonay.

L. aut. sig. en latin, à Samuel Petit, 1642, 1 p. in-4., Cachets et soies.

123. **COHORN** (MENNO, b^on^ de), *le Vauban hollandais.*
L. sig.; Namur, 3 mars 1697, 1 p. in-4.

124. **COLBERT** (J. B.), le grand ministre de Louis XIV.
L. aut. sig. au commandant de la Bastille; 1er octobre 1664, 1/2 p. in-12.

125. **COMBES** (Michel), colonel du 47e de ligne, mort glorieusement devant Constantine, né à Feurs (Loire).
L. aut. sig. (minute) au maréchal Soult; (Paris), 2 p. in-fol.
Demande d'un emploi de commandant d'une place d'armes pour son père, ancien colonel de l'empire, persécuté sous la Restauration, et qui a arboré le drapeau tricolore à Roanne le 1er août 1830, et pris, seul, l'administration de la ville.

126. **COMITÉ** de sûreté générale et de surveillance de la Convention nationale.
Deux pièces, 1793 et an II, sig. AMAR, LEBAS, M. BAYLE, GUFFROY, ALQUIER, LAVICOMTERIE, JULIEN DE TOULOUSE et DUPUY, 2 p. in-fol., Cachets.

127. **COMPOSITEURS** de musique. Sept lettres aut. sig.
HALEVY (F.), 1/2 p. in-8. — KALKBRENNER, 1 p. in-8. Cachet. — LACOMBE (Louis), 2 p. in-8. — LESUEUR, 1808, 1 p. in-4. Jolie Lettre. — MONPOU, 1833, 3 p. in-8. — PAËR, 1 p. in-8. — ZIMMERMANN, 1 p. in-12.

128. **CONDÉ** (Louis II de BOURBON, prince de), dit *le Grand.*
L. aut. sig. à M. de Gourville; Chantilly, 26 avril 1672, 1 p. in-4.

129. **CONTI** (F^ois^ Louis, de BOURBON, prince de), élu roi de Pologne après la mort de Sobieski.
L. aut. sig. (au duc de Vendôme); Paris, 15 avril, 2 p. 1/2 in-4. Un peu tachée d'humidité.

130. **CONTI** (L. F., de *Bourbon*, prince de), général en chef sous Louis XV.
L. écrite en partie par un secrétaire, terminée et sig. par le prince; Ottmersheim, 28 avril, 2 p. 1/2 in-4.
Il donne des nouvelles de l'armée sur le Rhin, et demande, en confidence, des détails sur les négociations entamées avec l'empereur.

131. **CONTI** (Marie-Anne de BOURBON, princesse de), fille de Louis XIV et de Mlle de Lavallière, célèbre par sa beauté.
L. aut. sig. au duc de Vendôme, 3 p. in-4. Cachet.
Très-belle lettre de félicitation sur la prise de Barcelone.

132. **CONTI** (Louise-Elisabeth, de *Bourbon*, princesse de), petite-fille de Louis XIV.
L. aut. sig. à M. Berryer; Luciennes, 10 décembre 1753, 1 p. 1/3 in-4. Cachet.

133. **CONVENTION NATIONALE** (membres de la).
CAVAIGNAC, billet aut. sig. 1793, 1/2 p. in-8. — GOUJON (J. M. Cl.), 2 L. sig.; Versailles 1793, 2 p. 1/2 in-4.

134. **CONVENTIONNELS** et autres députés. Huit lettres aut. sig.
BOISSY-D'ANGLAS, 1814, 1/2 p. in-fol. — GRÉGOIRE, 1 p. in-18. — LEBRUN, consul, 1/2 p. in-4. — LETOURNEUR, 1 p. 1/2 in-4. — LOFFICIAL, 1 p. in-4. — POCHOLLE, 1 p. in-4. — PONTÉCOULANT, 1 p. in-4. — QUINETTE, 1 p. in-4.

135. **CORMATIN** (Dezoteux), célèbre chef vendéen.

L. aut. sig. au rédacteur du *Journal des Débats*; Château de Cormatin, par Buxy, Saône-et-Loire, 3 mars 1807, 3 p. in-4.

Lettre intéressante, toute dirigée contre l'*Histoire de la guerre de la Vendée*, par Alph. de Beauchamps, ouvrage dans lequel il est calomnié. Le rédacteur a refusé d'insérer une réfutation qu'il lui avait envoyée. «Cet historien a-t-il le privilége dangereux de calomnier? Est-ce un crime de le contredire?» Il annonce que lui-même rédige ses mémoires. «Ma conduite, depuis que je suis rendu à la liberté, a prouvé, prouve et attestera mon religieux respect pour la parole d'honneur que j'ai donnée au gouvernement. Je ne l'oublierai jamais, comme aussi jamais je n'oublierai que c'est à l'empereur que je dois le terme de tant de souffrance, et qu'il a brisé mes fers.»

136. **CORSE** (île de). Quatorze pièces, relatives à la défense de ce département français pendant la révolution, à son administration et à son cadastre.

137. **COSTE** (Pierre), traducteur de Locke, commentateur de Montaigne.

L. aut. sig.; (Londres), 5 févr. 1725, 1 p. 3/4 in-4.

L'éditeur d'une réimpression de Montaigne lui ayant demandé des notes sur cet auteur, il lui en envoie quelques-unes, mais à la condition qu'il lui gardera le secret, ne voulant pas se brouiller avec le libraire de Hollande avec lequel il a déjà traité pour ses commentaires sur Montaigne.

138. **COURIER** (Paul-Louis), helléniste et pamphlétaire, l'un de nos meilleurs écrivains.

L. aut. sig. à Corréard. Sainte-Pélagie, 3/4 de p. in-8.

Il voudrait que son *Longin* fût imprimé avant sa sortie de prison.

139. **CREUZER** (G. Frédéric), célèbre philologue allemand, auteur de *La Symbolique des anciens peuples*.

L. aut. sig. à Cramer; Heidelberg 1836, 1 p. pl. in-4. Cachet.

140. **CREVENNA** (Bolongaro), célèbre bibliophile italien.

L. aut. sig. à l'abbé Denina; Amsterdam, 4 mai 1787, 1/2 p. in-4.

141. **D'ALEMBERT** (Jean Lerond), mathématicien et littérateur, de l'Acad. fr.

L. aut. sig.; Paris, 2 p. in-4.

La censure ayant supprimé quelques phrases dans un article, il s'indigne de cette tracasserie. «Que vous importent les jugements de ce maraud de Fréron, et pourquoi lisez-vous ses feuilles?»

142. **LE MÊME.**

L. aut. sig. à Monseigneur ....; Paris, 17 août 1776, 2 p. pet. in-4.

Demande d'une place pour M. Barruel.

143. **DANTON** (Georges), célèbre membre de la Convention, décapité en 1793.

L. sig. à M. Servan. 8 sept. 1792, 3/4 de p. in-fol.

144. **D'ARCET** (Jean), chimiste, de l'Acad. des sciences.

L. aut. sig. aux administrateurs (de la monnaie); Paris, 4 pluv. an VIII, 3 p. in-4.

Il donne les résultats de l'analyse d'une nouvelle composition, dite *métal blanc de Muller*, proposée pour la fabrication des monnaies. La ressemblance de ce métal avec l'argent «serait une source perfide de fraude, soit en France, soit chez l'étranger, dont les intérêts, à cet égard, doivent être respectés, et rester sous notre sauve-garde, comme les nôtres mêmes.»

145. **DE LISLE** (Jh.-Nas), astronome, de l'Acad. des sciences.

L. aut. sig. à M. Schumacher, 1744, 1 p. in-4.

146. **DÉPUTÉS DE LA RESTAURATION**, du règne de Louis-Philippe et de 1848. 420 lettres ou pièces, la plupart aut. sig.

147. **DÉPUTÉS ET LÉGISLATEURS.** 90 lettres ou pièces, la plupart aut. sig.

Arrighi (J. M.), L. aut. sig., 1 p. in-4. — Bailly (J. S.), p. s. — Cordier, L. aut. sig. — Durosnel (le c^te^), 4 L. aut. sig. — Dubois-Aymé, 4 L. aut. sig. relatives à sa candidature en 1851. — Jourdan du Var, 3 L. aut. sig., etc.

148. **DESNOYERS** (le b^on^), graveur, de l'Institut.

L. aut. sig. 1837, 1 p. in-12.

Rauch (Christian), célèbre sculpteur prussien.

L. aut. sig. en allemand, 1/2 p. in-4.

149. **DIANE DE POITIERS**, maîtresse de Henri II.

L. sig., avec la souscription aut., à M. Delavigne, ambassadeur; Fontainebleau, 1 p. in-4.

150. **DIANE DE FRANCE**, duchesse d'*Angoulême*, fille de Henri II et de Diane de Poitiers.

Quittance sig. sur papier, 1598, 1/2 p. in-fol.

151. **DIVERS.** Trois lettres.

Beurnonville, maréchal de France. L. aut. sig. 1821, 3 p. in-4. — Joyeuse (le maréchal de). Pièce sig. 1697, 1 p. in-8. Cachet. — Vaubois, général et sénateur. L. aut. sig. an IX, 2 p. in-4.

152. **DIVERS.** Trois lettres.

Du Perron (Jacques C^al^). Pièce sig. 1608, 3/4 de p. in-fol. Cachet. — Colbert, Mis de Torcy, ministre. L. aut. sig. 1696, 1 p. in-4. — Louvois, ministre. L. sig. 1690, 2 p. in-fol.

153. **DIVERS.** Neuf lettres ou pièces.

Ainsworth, numismate. L. aut. sig. 1829, 3 p. in-4. Cachet. Relative à la numismatique. — Berriat St. Prix, 2 L. aut. sig., 2 p. in-8. — Brial (Dom), bénédictin. B. aut. sig. et note a, 1821, 1 p. in-12. — Dubois (l'abbé), missionnaire aux Indes. L. aut. sig. 1825, 1 p. 1/2 in-8. — Duval (V. J.), bibliothécaire de l'emp. d'Autriche. Note aut. sig. 1760, 1 p. in-18. — Gérard (Fr.), peintre. L. sig., 1 p. in-12. — Lamoignon (de), chancelier. L. de 5 lignes aut. sig. 1757, 1/2 p. in-8. — Visconti, antiquaire. Description aut. d'un camée, 1 p. 1/2 in-8.

154. **DOCUMENTS** sur les sujets suivants, 92 pièces :

Assignats (fabrication de faux), 13 pièces; *Boucherie de Paris*, 4 p.; *Carbonarisme à Toulouse*, 3 p.; *Enfants trouvés*, 1 p.; *Fête à Neuilly* à l'occasion du mariage de Napoléon et de Marie-Louise, 3 p.; *France* (défense de la) en 1814 et 1815, 6 p.; *Quiberon* (monument de), 2 p.; *Travail de l'empereur*, 11 p.; *Visitation* (couvent de la), à Chaillot, 3 p.; et autres dossiers.

155. **DOGES DE VENISE.** 96 pièces sur vélin, en latin, in-4° ou in-f°, signées seulement du secrétaire du palais ducal, avec monogrammes, et sceaux en plomb :

Ciconia (Pascal), 2 pièces. — Cantareno (Aloysius, Dominique et Nicolas), 8 p. — Cornelio (Jean), 4 p. — Donati (Léonard), 1 p. — Erizzio (François), 4 p. — Grimani (Pierre), 2 p. — Gritti (André), 1 p. — Justinien (M. Ant.), 2 p. — Lauredan (Fr.), 2 p. — Marozeno (Fr.), 53 p. — Molino

(Fr.), 2 p. — Mocenico (Aloysius), 7 p. — Mucciabellus (Mutius), 1 p. — Pizani (Aloysius), 1 p. — Priolo (Laurent et Jérôme), 2 p. — Valerio (Silvestre), 4 p.

156. **DORTOUS DE MAIRAN** (J. J.), de l'Acad. des sciences.

L. aut. sig. à M. de Lisle; St. Pont, 1er octobre 1747, 2 p. in-4. Cachet.

157. **DOUJAT** (Jean), jurisconsulte, littérateur, de l'Acad. fr.

L. aut. sig. (à Mézeray; Paris), 21 octobre 1662, 3 p. in-4. Jaunie par le temps.

Intéressante lettre sur le projet d'*Abrégé chronologique de l'hist. de France*, de Mezeray, que celui-ci a envoyé à Doujat, par Cabiers, pour avoir son avis. L'académicien lui donne des conseils, et fait des remarques critiques sur différents passages du manuscrit qui lui est soumis. Au dos de cette lettre est une page de notes historiques autog. de Mezeray.

158. **DUCHESNE** (André), historien français.

L. aut. sig. à d'Hozier, 2 juillet 1621, 1 p. in-fol. Cachet.

Diverses questions de généalogie. Nouvelle de la reddition de Saint-Jean et de Taillebourg.

159. **DUMOURIEZ**, général en chef, auteur de *Mémoires*.

L. aut. au général Delanone; 22 août (1792), 1 p. pet. in-4.

Pièce militaire, toute relative à l'état de l'armée et aux mouvements des troupes.

160. **ECKHART** (J. G.), historiographe et bibliothécaire du roi d'Angleterre.

L. aut. sig. en latin. Hanovre, 3 septembre 1747, 4 p. in-4.

Lettre où il est question de Mabillon et de Leibnitz, et toute relative à d'anciennes chartes d'Osnabruck.

161. **ELBEUF** (Henri de Lorraine, duc d'), gouverneur de Picardie.

L. aut. sig.; Paris, 22 avril 1698, 1 p. in-4.

Elbeuf (Anne-Charlotte de Rochechouart, duchesse d'), femme du précédent.

L. aut. sig., 2 p. 1/2 in-4. Jolie lettre.

162. **ÉPINAY** (Mme Lalive d'), femme d'esprit, amie de Voltaire et de J. J. Rousseau.

L. aut. sig. à M. Catelan, 3/4 de p. in-8.

163. **ESPERNON** (Louis Nogaret de Lavallette, duc d'), favori de Henri III.

L. aut. sig. au roi; Angoulême, 3 janvier 1600, 3 p. in-4.

Épître gracieuse, où il remercie Henri IV de lui avoir demandé des nouvelles de sa *Chesne*, dont il est, Dieu merci, de bout et *easy guery a une espaule pres*.

164. **ESSLER** (Fanny), célèbre danseuse.

L. aut. sig. en allemand; Berlin 1830, 3/4 de p. in-8.

165. **ESTRÉES** (César, cardinal d'), ambassadeur, de l'Acad. franç.

L. aut. sig., 1704, 2 p. in-4.

Recommandation en faveur d'un petit-fils de feu M. de Lionne.

166. **ÉTRANGERS** (généraux, hommes d'État et autres personnages). 151 lettres, la plupart aut. sig.

Allemands ou Hollandais, 35 L. — Anglais, 22 L. — Espagnols, 22 L. — Italiens, 56 L. — Russes, 17 L.

167. **EULER** (Léonard), illustre géomètre.

L. aut. sig. à Delisle; 20 novembre 1735, 1 p. in-4.

Relative au mouvement des planettes.

168. **LE MÊME.**

L. aut. sig. au même; 9 janvier 1740, 1/2 p. in-4.

169. **FABERT** (Abraham), maréchal de France.
L. aut.; Paris, 2 septembre 1660, 1 p. in-4.

170. **LE MÊME.**
L. aut. à Arnauld d'Andilly; Paris, 1er février 1661, 1/2 p. in-4. Cachets et soies.

171. **FABRICIUS** (J. Albert), savant et laborieux bibliographe.
L. aut. sig. en latin, à l'abbé Bignon; 15 mai 1709, 2 p. 1/2 in-4. Toute relative à la bibliographie.

172. **FAGON** (Guy), premier médecin de Louis XIV.
Quit. aut. sig. sur vélin, 1694, in-4, en travers.

173. **FEMMES DE LETTRES.** Neuf lettres aut. sig.
Abrantès (la duchesse de), 3/4 de p. in-8. — Aubert (Anaïs), 1/2 p. in-8. — Bradi (la comtesse de), 1/2 p. in-8. — Colet (Louise), 1 p. 1/2 in-8. — Gay (Sophie), 1/2 p. in-8. — Saint-Elme (Ida). B. à la 3e personne, 3/4 de p. in-8. — Salm (la princesse de), 1 p. in-8. — Ségalas (Anaïs), 1 p. in-8. — Valmore (Marceline), 1 p. in-12.

174. **FEMMES DE LETTRES.** Quarante-deux lettres, la plupart aut. sig.
Belloc. — Ducrest. — Duras (la duchesse de). — Hanspach (Marie d'), *la modiste*, article aut. sig., 13 p. in-fol. — Roland (Pauline). — Waet (Caroline). L. aut. sig. C. W., 4 p. in-8, etc.

175. **FEMMES CÉLÈBRES.** Quatre billets.
D'Angeville (Mlle). Fragm. aut. de la relation de son voyage à la cime du Mont-Blanc, 1/2 p. in-8. — Du Cayla (la comtesse), B. aut. sig., 1/2 p. in-12. — Gordon (Éléonore), B. aut. sig., 1/2 p. in-12. — Lieven (la princesse de), B. aut. sig., 1 p. in-18.

176. **FEMMES CÉLÈBRES ALLEMANDES.** Quatre lettres aut. sig.
Hahn (la comtesse de), 1842, 1 p. 1/2 in-8. Cachet. — Pückler-Muskau (la princesse), 2 p. 1/2 in-8., entourages gauffrés. — Tarnow (Fanny), romancière, 3 p. 1/2 in-8. — Arnim (Bettina), romancière, amie de Gœthe, 1 p. in-8, en travers.

177. **FEMMES TITRÉES** de l'Empire et de la Restauration. 116 lettres, la plupart aut. sig.

178. **FÉNELON**, illustre archevêque de Cambrai.
L. aut. sig.; Cambrai, 14 janvier 1702, 6 p. pl. in-4.
Toute relative à ses demêlés avec l'évêque de Saint-Omer sur la question de savoir si l'officialité sera établie à Saint-Omer ou à Cambrai. «Je juge toujours depuis longtemps moi-même, et je ne lasserai point de le faire. A quoi serviroit donc un official métropolitain à Saint-Omer, puisque je jugerai ici toutes les causes, et que je ne lui en laisserai jamais juger aucune!»

179. **FLÉCHIER** (Esprit), évêque de Nimes, de l'Acad. fr.
L. aut. sig. à l'abbé de Combré; Nimes, 3 août 1709, 2 p. in-8.
Lettre intéressante : la *Lettre pastorale* qu'il vient de publier pour l'instruction et la consolation de son diocèse, a été réimprimée à Paris, car «tout le royaume se trouve dans les mêmes nécessités et mêmes craintes.» MM. de Roquelaure et de Baville viennent d'apaiser, dans le Vivarais, «une rebellion qui [illegible] dans la suite devenir très dangereuse.» Remercîments des nouvelles que lui envoie l'abbé : «Quoy que j'aye encore quelques amis à [la] cour qui m'apprennent de temps en

temps ce qui s'y dit et ce qui s'y passe, Paris ne laisse pas de fournir et de savoir souvent d'assez agréables nouveautez.»

180. **LE MÊME.**

L. aut. sig. au même; Montpellier, 15 janvier 1710, 2 p. in-8.

...On auroit tort d'attendre aujourd'hui des nouvelles considérables. L'hyver est la saison du repos. Les conseils se tiennent, les projets se font, les événements se préparent. Tout cela se passe en secret, et se manifestera en son temps... Il faut avoir bonne mémoire pour citer le sermon de Saint Merri, et le plaisir que j'eus à une comédie de Molière.»

181. **LE MÊME.**

L. aut. sig. au même; Nimes, 5 mai, 2 p. in-8. Jolie lettre.

182. **FLEURY** (Claude), historien ecclésiastique, de l'Acad. franç.

L. aut. sig. (à dom Ruinart); Versailles, 2 mars 1694, 3/4 de p. in-8.

Remerciments de l'envoi que lui a fait Ruinart de la nouv. éd. de sa *Persécution vandalique.*

183. **FLEURY** (H. de), premier ministre de Louis XV.

L. aut. sig.; Fréjus, 20 août 1710, 3 p. in-4.

184. **FOLARD** (J. Ch., ch^er^ de), tacticien célèbre.

L. aut. sig.; 3 octobre 1709, 3 p. in-4. La marge de droite un peu piquée de rousseur.

185. **FOLARD** (F.-Melchior), jésuite, auteur dramatique, né à Avignon, frère du précédent.

L. aut. à son frère; Nimes, 30 mai 1727, 2 p. 1/2 in-4. Cachet.

Intéressante épître: détails sur le prospectus des commentaires sur *Polype*; appréhensions des critiques que pourront faire de l'ouvrage les auteurs du journal de Trévoux; nouvelles du tremblement de terre de Saint-Gilles, Arles et Beaucaire; sortie contre la *Henriade* de Voltaire, dont il vient d'apprendre la publication, et qu'il appelle *une sottise.* «Il faut que l'Henriade soit un misérable poëme, veu le goût du siècle. O les chétives choses que l'on fait maintenant, soit en vers soit en prose!... Le plus bel esprit de ma maison est ma servante, après mon chat. Adieu, frère.»

186. **FRANC-MAÇON** (quatre brevets de), sur vélin, avec sceaux.

187. **FRANÇOIS Ier**, roi de France.

L. sig. sur papier au Vte de Tavanne; Saint-Germain, 27 novembre 1528, 1/2 p. in-fol. Cachet. Belle pièce, mais doublée.

Le vicomte de Tavannes, ambassadeur à Rome, est prié de se rendre *incontinent devers* le roi, et de passer, en venant, vers le comte de Saint Pol, «afin de veoir et entendre à la vérité en quelle disposition y seront mes affaires pour men advertir.»

188. **FRÉDÉRIC II**, dit *le Grand*, roi de Prusse.

L. sig. à Maupertius; Postdam, 7 juillet 1755, 1/2 p. in-4.

189. **FRÉDÉRIC-GUILLAUME III**, roi de Prusse.

L. s. à Esménard; Bareuth, 13 juin 1805, 1/3 de p. in-4.

Éloge de son poëme de *La navigation*, pour lequel il lui envoie la médaille de l'académie de Berlin.

190. **FURETIÈRE** (Ant.), littérateur et lexicographe, de l'Acad. fr.

L. aut. sig. (à Mézeray), 1 p. in-8.

Il le prie de le conduire chez l'archevêque de Paris, pour lui offrir un livre qu'il vient de publier. — Cette lettre est couverte de notes historiques, autog., de Mézeray.

191. **GAU** (Fr.-Chrét.), architecte, auteur des *Antiquités de Nubie*, constructeur de l'église de Sainte-Clotilde à Paris.
L. aut. sig. en allemand, 1821, 1 p. pl. in-8.

192. **GÉNÉRAUX.** Six lettres ou pièces.
CUSTINE, pièce sig. 1793, 1 p. in-fol. Cachet. — HOCHE, ordre sig. an III, 1/2 p. in-4. — JUNOT, L. sig., 1 p. in-4. — LECLERC (Em[el]), L. aut. sig., 1/2 p. in-4. — MENOU, billet aut. sig. an V, 1/2 p. in-12. — SANTERRE, pièce sig. 1789, 1 p. in-4. Cachet.

193. **GÉNÉRAUX.** Seize lettres.
BERNARD, L. aut. sig., 3/4 de p. in-8. — CANCLAUX, L. aut. 1792, 3 p. in-4. — DUMARCAY, L. aut. sig., 1 p. in-4. — Plus 15 autres lettres, seulement sig.

194. **GÉNÉRAUX.** Cinquante lettres aut. sig.
ALLIX, CERVONI, LEIGONIER, MENOU, MICHAUD, SAHUGUET, VEAUX, etc.

195. **GÉNÉRAUX.** 46 lettres ou pièces sig.
CAFFARELLI, CASALTA, CERVONI, COLLI, CHAPSAL, CHABRAN, MICHAUD, SERAS, SOUHAM, VALORY, etc.

196. **GÉNÉRAUX.** 98 lettres aut. sig.
ATHALIN, BAUDRAND, BERTHEZEN, BOUCHU, DAMAS, DELABORDE, LACOSTE, LASALCOTTE, RUMIGNY, etc.

197. **GÉNÉRAUX.** 164 lettres ou pièces sig.
BRAYER, BERNARD, CAMPREDON, CAFFARELLI, DESPINOY, DROUOT, DESSOLE, DUMAS, LAFAYETTE, MENOU, etc.

198. **GENTZ** (Frédéric), célèbre publiciste allemand, rédacteur des manifestes de la coalition contre Napoléon.
L. aut. sig. en allemand; Prague, 3 septembre 1813, 2 p. in-8.
Très-curieuse lettre sur la bataille de Dresde, et pleine d'expressions de haine contre Napoléon.

199. **GERDIL** (le c[al] Hyacinthe-Sig.), l'un des plus savants écrivains de la Savoie.
L. aut. sig.; Turin, 25 avril 1760, 1 p. pl. in-4.

200. **GILLOT** (Jacques), le principal auteur de la *Satyre Ménippée.*
L. aut. sig. en latin, à Casaubon; Paris 1595, 1 p. in-fol. Épître toute littéraire.

201. **GIRY** (Odet-Joseph de VAUX de), *abbé de Saint-Cyr*, sous-précepteur du Dauphin fils de Louis XV, de l'Acad. fr.
L. aut. sig.; Versailles, 16 octobre 1760, 1 p. in-4.
Il demande, pour le Dauphin, un missel parisien en 2 vol., relié en maroquin rouge, sans armes.

202. **GODEFROY** (Jacques), jurisconsulte, auquel on doit le *Code Théodosien.*
L. aut. sig. en latin, à Samuel Petit; Genève, 11 mars 1640, 1 p. 1/2 in-fol. Cachets.
Épître littéraire et toute affectueuse.

203. **GOETHE** (Jean-Wolfgang), chef de l'École littéraire allemande.
1° Seize vers allemands aut. — 2° L. sig. en allemand; Weimar, 3 novembre 1802, 1/2 p. in-4.

204. **GOUJET** (Cl. P.), l'un de nos meilleurs bibliographes.

L. aut. sig. à Grosley; Paris, 4 juin 1752, 2 p. pl. in-8. Cachet.

Nouvelles littéraires; détails sur l'affaire des Jansénistes, les arrêts du Parlement, et la commission formée pour pacifier les troubles de l'Eglise.

205. **GRÆVIUS** (J. G.), habile critique et antiquaire.

L. aut. sig. en latin, 1698, 2 p. 1/2 in-4.

L. aut. sig. en latin. Trajecti ad Rhenum, 1698, 3 p. in-4.

Belle lettre concernant son édition de *Cicéron*, qu'il dédie au duc de Bourgogne.

206. **GRÉGOIRE**, évêque de Blois, conventionnel, érudit, de l'Institut.

L. aut. sig. à M. Masson; Paris 1810, 1 p. 1/2 in-4.

Toute relative à l'épitaphe de J. Racine, découverte à Magny par M. Masson, qui en a envoyé une reproduction à Grégoire. « Vous savez combien me sont chers les souvenirs de Port-Royal, le monument que vous faites revivre en est une relique. »

207. **LE MÊME.**

L. aut. sig. à (Pougens); Paris, 29 août 1812, 4 p. in-4.

Lettre fort intéressante relative à son livre sur les *Sectes religieuses*, et à celui de Pougens concernant les *étymologies*. Il manifeste le désir que des travaux soient entepris sur les patois de nos provinces. Le vieux mot *ains*, équivalent de *mais*, devrait être, selon lui, rétabli dans notre langue, où il permettrait de varier une expression dont l'usage est si fréquent. « Après tout, ce monosyllabe n'est point un émigré, *ains* un pauvre exilé qui, après deux siècles d'ostracisme, réclame son droit de naturalité... Je vous embrasse comme je vous aime, c'est-à-dire de tout mon cœur, *totis ulnis*, disait Virgile, *à dextre et à senestre*, disait Montagne. »

208. **GRONOVIUS** (J. Frédéric), critique et humaniste.

L. aut. sig. en latin, à S. Petit; Deventer 1643, 2 p. in-fol. Cachet. Très-belle pièce.

209. **GRONOVIUS** (Abraham), critique, commentateur des éditions dites *Variorum*.

L. aut. sig. en latin, à Montfaucon; Lugduni Batavorum, 1739, 1 p. in-4.

Relative à son ouvrage *Varia geographica*.

210. **GUEVARRE** (le Père), jésuite.

L. aut sig. à Mme de Maintenon; Aix, 20 mars 1700, 3 p. in-fol.

Ayant travaillé autrefois, avec le Père Chaurand, à l'établissement de l'hôpital général de Maintenon, et le roi les ayant encouragés dans les appartements même de Madame de Maintenon, à établir d'autres maisons de cette nature, il demande l'autorisation de faire une loterie en faveur de l'hôpital de Grasse.

211. **GRÉTRY** (Modeste), compositeur de musique, littérateur, de l'Institut.

L. aut. sig. à Pougens; de l'hermitage de J. J. Rousseau à Emile Montmorency, 28 therm. an IX, 2 p. 1/2 in-4.

Toute relative à l'accueil favorable que l'Institut vient de faire à son ouvrage de *La vérité*. « Bon jour, bon ami, mais ami dans le fait et dans les résultats; ami qui tient parole après définition de compte, chose bien rare ! »

212. **GUILLAUME III**, prince d'Orange, roi d'Angleterre.

L. aut. sig. en français; Grimberghe, 1er juillet 1695, 2 p. 1/2 in-4.

Lettre militaire, fort intéressante, concernant la campagne de Belgique.

213. LE MÊME.

L. aut. sig. W. R.; au camp devant Namur, 19 juillet 1695, 3 p. in-4.

Importante pièce, relative à la prise de Namur, l'action la plus glorieuse de la carrière militaire du prince d'Orange. « Keppel et Dopp vous ont escrit la nuit l'issue. Dieu soit loué qu'elle a si bien reuci, mais nous y avons perdu extrement de monde... Asseurement l'action a esté vigoureuse et je ne puis assez me louer de la bravoure des Anglois et aussi des Hollandois qui ont egalement bien fait. Mes gardes ont beaucoup souffert... »

214. GUILLAUME V, électeur de Bavière.

L. aut. sig. à sa belle-sœur; Munich, 12 juillet 1601, 1 p. in-fol. Toute relative à la mort de sa femme.

215. GUISE (F^ois^ de Lorraine, duc de), grand capitaine, assassiné par Poltrot.

L. sig. avec la souscription aut. à M. de L'Aubespine; Metz, 3 juin 1558, 1/2 p. in-fol. Trace de cachet. Jolie lettre.

216. LE MÊME.

L. sig. avec la souscription aut., 1557, 3/4 de p. in-fol. Pièce doublée.

Les ennemis pillant les vivres et les bagages de l'armée française sur le chemin de Boulogne à Montreuil, il envoie, pour y remédier, la compagnie du Connétable dans cette dernière ville.

217. GUISE (Ch. de Lorraine, duc de), proposé pour roi de France, par les états de Paris, pendant la Ligue.

L. aut. sig. à Henri IV; Marseilles, 13 sept. (1598), 4 p. pl. in-fol.

Belle et très-curieuse lettre, relative à une rixe survenue à Toulon entre le peuple et l'armée, et à une mutinerie des habitants de Saint-Tropez à propos de la construction d'une tour dans cette dernière ville. Details sur l'état des esprits dans la province.

218. GUISE (Louis III de Lorraine, cardinal de), archevêque de Reims.

L. aut. sig. *s. l. n. d.*, 1 p. pl. in-fol.

Intéressante lettre, relative aux troubles du temps.

219. HAGEN (Charlotte de), célèbre actrice de Berlin.

L. aut. sig. en allemand, 1844, 4 p. 1/2 in-8.

Très-jolie lettre, dans laquelle elle raconte les émotions qu'elle éprouve sur la scène.

220. HARDOUIN DE PÉRÉFIXE, archevêque de Paris, historien de Henri IV, de l'Acad. fr.

L. aut. sig. à la sœur Marie de Sainte-Magdeleine, prieure de Port-Royal, 1 p. in-4. Cachets et soies.

221. LE MÊME.

L. aut. sig. à la même; Paris, dernier juin 1665, 1 p. in-4. Cachet.

La pensée où elle était que M. Chamillard était son ennemi l'ayant empêchée d'obtempérer aux ordres du prélat, celui-ci lui envoie l'abbé Duplessis, son grand-vicaire, afin que toutes les sœurs de la communauté lui exposent, en liberté, les unes après les autres, *leurs sentimens.*

222. HEINSIUS (Ant.), grand pensionnaire de Hollande.

L. aut. sig. à Monseigneur ...; La Haye, 15 mars 1695, 4 p. in-4.

Relative à l'ouverture de la campagne contre la France.»

223. LE MÊME.

L. aut. sig. au même; La Haye, 5 avril 1695, 4 p. in-4.

Intéressante lettre politique, aussi relative aux préparatifs de guerre contre la France. « Le retardement des lettres d'Angleterre nous laisse dans une grande incertitude touchant le passage du roi (Guillaume III), qui est extremement necessaire, la saison, comme Vostre Altesse dit, s'avançant tant. »

224. HEINSIUS (Nicolas), philologue habile, commentateur des éditions dites *Variorum*.

L. aut. sig. en latin, à Philibert de la Mare; Amsterdam, 15 janv. 1658, 2 p. pl. in-4. Cachet.

Très-belle épître, toute littéraire, relative à divers auteurs latins et à leurs commentateurs.

225. HELLÉNISTES. Cinq lettres aut. sig.

Boissonade, L. et B., 1 p. 1/2 in-4. — Coray, 2 L., dont 1 seulement aut., 2 p. in-4. — Mezzofanti. En italien, 1811, 1 p. in-8.

226. HENRI II, roi de France.

L. sig. avec la souscription aut. à sa femme; au camp de Civry-le-Franc, ce dernier jour de may 1552, 1 p. in-fol. Pièce bien conservée, mais doublée.

N'ayant pu, malgré les marches forcées qu'il a fait faire à l'armée, rencontrer la reine de Hongrie, il revient sur la frontière beaucoup plus tôt qu'on ne pensait. «Cella a servy a espouventer ceulx de Stenay avecques la diligence que a faicte de son costé mon cousin Lamyral auquel jay escript savancer au plustost qu'il pourra droict à Danvillier...,»

227. HENRI III, roi de France.

L. aut. sig. à la duchesse de Brunswick; Paris, 15 janvier, 1 p. in-fol.

Lettre de félicitation sur le mariage de la duchesse.

228. HENRI IV, roi de France.

L. sig. au comte de Vaudemont, gouverneur de Toul et de Verdun; Paris, 8 sept. 1599, 1/2 p. in-fol. Cachet.

Il lui annonce que, suivant la coutume de ses prédécesseurs, il met des garnisons dans les villes de Verdun et de Toul, pour les conserver en son obéissance, et lui donne le nombre des compagnies qui doivent y être placées, avec les noms des capitaines.

229. LE MÊME.

L. sig. au même; Paris, 24 novembre 1604, 3/4 de p. in-fol.

Relative à des plaintes des habitants de Toul contre le sieur de Vanes.

230. HERDER (J. Godefroy de), créateur de la philosophie de l'histoire.

L. aut. sig. en allemand, 1802, 1 p. in-fol. Cachet.

231. HERMANN (Chr. Gotthilf), philologue allemand.

L. aut. sig. en allemand, au docteur Haubold, 1816, 1 p. in-4. Cachet.

232. HERMANT (God.), théologien, né à Beauvais.

L. aut. sig. à Dom Luc d'Achery; à Gerberoy, 18 juin 1671, 2 p. in-4. Cachet.

Réponse à une demande de manuscrits de saint Augustin, pour une édition de ce saint Père que préparent les Bénédictins. «Les manuscrits de nostre Chapitre n'estoient point encore rengez, et ne faisoient que d'estre tirez de la poussière d'un grenier pour estre mis en depost dans quelques armoires de nostre sacristie....»

233. HISTORIENS, GÉNÉALOGISTES, ÉRUDITS. Huit lettres ou pièces.

Anisson, savant imprimeur lyonnais. L. aut. sig., 1 p. in-4. — Bignon (l'abbé), L. aut. sig. à Chamillard, 4 p. in-4. Écornée à l'angle droit supérieur. — Chantereau-Lefèvre (Denis), L. sig. 1709, 1 p. in-4. — D'Hozier (Ch. René), L. aut. sig. 1703, 3 p. in-4. — Pagi (Ant.), chronologiste. L. sig.; Aix 1695, 2 p. in-4. — Rollin (Ch.), Quit. sig. sur vélin. L'angle gauche inférieur coupé. — Sainte-Marthe (Abel de), Quit. sig. sur vélin. — Valois (Adrien de), Quit. sig. sur vélin.

234. **HOUDETOT** (Madame d'), femme d'esprit, maîtresse de Saint-Lambert, pour laquelle J. J. Rousseau conçut une si vive passion.

L. aut. sig. à Pougens; au marais près Arpajon, ce 23 août v. style, 3 p. pl. in-4.

Remerciment pour l'envoi d'un ouvrage de Necker et d'opuscules inédits de D'Alembert. «Votre lettre et votre envoie me rappellent des souvenirs bien chères à mon cœur. Les pertes que j'ay faites ne me laissent guère d'autres consolations que de les pleurer.» Elle lui parle ensuite de Saint-Lambert, qui demeure avec elle, et qui vient de publier un ouvrage (le *Catéchisme universel*), «qui honore autant sa vieillesse que *Les Saisons* ont signalé sa jeunesse...»

235. **HOYM** (le c^te d') bibliophile distingué.

L. aut. sig. à M. Milsonneau; Dresde, 16 décembre 1730, 8 p. pl. in-4.

236. **ISABELLE D'AUTRICHE**, fille de Philippe II, gouvernante des Pays-Bas.

L. aut. sig. en espagnol, au duc de Brunswick; Bruxelles, 15 avril 1610, 2 p. in-fol. Cachet.

237. **INSTITUT** et Académie française. Douze lettres aut. sig.

Briffault, 1 p. in-8. — Chasles (Philarèthe), 1 p. in-8. — Nisard (Désiré), 2 L. 2 p. in-8. — Roger, 1/2 p. in-4. — Sainte-Beuve, 1 p. in-18. — Tissot, 2 p. in-8. — Tocqueville (A. de), 1 p. in-8. — Treneuil, 1 p. in-4., etc.

238. **INSTITUT** et Académie française. 45 lettres, pièces, aut. sig. ou seulement sig.

Champagne, Rémusat, Saint-Marc-Girardin, Salvandy, Vatout, etc.

239. **JÉSUITES**. Cinq lettres aut. sig.

Fleuriau, 1714, 2 p. in-4, plus une L. sig., 2 p. in-4. — Lasalle (Louis de), 1633, 1/2 p. in-4. — Saget (Jean), Reims 1695, 2 p. in-4. — Talbot (Guil.), 1 p. in-4. — Verzeau (J.), à Monseigneur ....; Leyde, 30 juin 1700, 3 p. in-fol. Très-curieuse lettre relative aux missions d'*Ethiopie*.

240. **JÉSUITES**. Six lettres aut. sig.

Baillet (G^el). Pièce aut. sig. sur vélin, 1687. — Boistard (Claude), 1702, 1 p. in-4. Cachet. — Charpentier, à Mme d'Arnaud, abbesse de Port-Royal. Bordeaux, 1624, 1 p. in-fol. Cachet. — Clément (Cl.), à d'Hozier; Madrid, 9 mars 1631, 1 p. in-fol. Cachet. — Megret, 1709, 3 p. in-4. — Sacy (D. de), 1740, 1 p. in-8.

241. **JÉSUITES**. Sept pièces sig.

Bigot (V.), 1718. — Brissart (Ph.), 1706. — Frémont, 1736. — Gennes (de), 1748. — Jolly (Edme), 1681. — Portail (Ant.), 1673. — Sacy (de), 1748.

242. **JOURNALISTES**. Vingt-neuf lettres.

Cauchois-Lemaire, L. aut. sig. de la Force; 17 février 1828, 2 p. in-8. Intéressante. — Granier de Cassagnac. Bil. aut. sig. — Lavalette (le Vte A. de), L. aut. sig. — Pelletan, L. aut. sig., etc.

243. **JUSTEL** (Chr.), savant auteur de l'*Histoire généalogique de la maison d'Auvergne*.

L. aut. sig. au docteur Petit; Paris 1631, 1/2 p. in-4., plus une note aut. de 9 lignes.

244. **KELLERMANN**, duc de Valmy, maréchal de France.

L. aut. sig. à la citoyenne La Motte (sa maîtresse); 10 germinal (an II). 3/4 de p. in-4.

Lettre écrite de sa prison. « Je suis Kellermann sans reproche. C'est tout te dire. Tu peux te conduire en conséquence, comme si c'étoit toi que l'on calomnie. »

La Motte (la citoyenne), L. aut. sig. à Kellermann; 18 brumaire (an II), 1 p. in-8.

Elle lui demande s'il va paraître devant le tribunal révolutionnaire. « Quoique à 11 h. du soir l'on me l'avoit promis, tout ce monde là ma malheureusement appris à douter de la vérité même. »

245. **KOSCIUZKO** (Thadée), célèbre chef de la révolution polonaise.

L. aut. sig., 3/4 de p. in-4.

246. **KUSTER** (Ludolphe), philologue, auteur d'une *Histoire critique d'Homère.*

L. aut. sig. en latin, à l'abbé Bignon; Amsterdam, 27 août 1708, 1 p. 1/2 in-4.

Belle lettre, remplie de détails sur diverses éditions d'Homère et du Nouveau Testament.

247. **LA CHAIZE** (le père de), confesseur de Louis XIV.

L. sig. au R. P. Verbiest (directeur des missions à Pékin); Paris, 15 janvier 1688, 4 p. pl. in-4.

Très-curieuse lettre, annonçant l'envoi en Chine de missionnaires français et polonais, sur lesquels il donne d'intéressants renseignements. « Notre Grand Roy voudroit voir toutes les nations unies dans le troupeau de Jésus-Christ, et il employe en toutes ocasions pour cela son authorité et ses finances. »

248. **LAFONTAINE** (Jean de), notre inimitable fabuliste.

Cinq vers aut., paraphés, 1 p. in-12, en travers.

C'est l'épigramme si connue qu'il fit à propos de la mort de *Scarron.*

249. **LA FORCE** (J. N. de Caumont, duc de), maréchal de France.

L. sig. terminée par 7 lignes aut. à M. Lefèvre; au camp de La Motte, 13 août 1634, 1 p. in-fol.

250. **LAIRE** (F. X.), célèbre bibliographe, né en Franche-Comté.

Deux L. aut. sig.; Dole et Brienne, 1786, 2 p. in-4.

251. **LA MARE** (Philibert de), historien bourguignon, né à Dijon.

L. aut. sig. en latin, à Samuel Petit; Dijon 1641, 2 p. in-fol. Cachets et soies.

Belle pièce, relative à l'historien Joseph et à l'Égypte.

252. **LA MARE** (N** de), commissaire au Chatelet, auteur du *Traité de la police*, né à Noisy-le-Grand.

L. aut. sig. à La Reynie; 17 mars 1687, 2 p. in-4. Cachet.

253. **LA MONNOYE** (Bernard de), philologue, de l'Acad. franç.

L. aut. sig. à B. de Montfaucon, 1 p. 1/4 in-8.

Jolie lettre, relative aux divers noms donnés aux marchés, en latin. « Ma santé présentement n'est pas mauvaise. Je garde cependant la maison, à cause de l'âge, dont à 86 ans je ne puis manquer de sentir le poids. »

254. **LE MÊME.**

L. aut. sig. à l'abbé Francastel; 5 avril 1718, 1 p. in-8. en travers.

255. **LANCELOT** (Ant.), historien, de l'Acad. des inscriptions.

L. aut. sig. (à Dom Rivet); Paris, 23 août 1732, 5 p. 1/4 in-4.

Très-curieuse lettre, toute relative à *l'Histoire littéraire de la France*, par Dom Rivet. Lancelot ayant été chargé par celui-ci de lire les premiers volumes du manuscrit de cet ouvrage, il lui en fait la critique dans les termes les moins ménagés. Il trouve d'abord qu'il y a témérité à aborder un sujet déjà épuisé par les Tillemont, les Dupin, les Celier, les Oudin, etc.; ensuite, il y a dans le livre beaucoup trop de théologiens et de Théologie; enfin, on y remarque une trop grande complaisance à l'endroit des hommes et des doctrines du Jansénisme, ce qui pourrait susciter des difficultés à l'auteur. «De vostre second volume j'osterois les deux tiers. J'indiquerois seulement les auteurs ecclésiastiques, je n'y proférerois pas un mot de grace, d'Eglise, etc., de Pelagianisme, prédestinatianisme, etc., et je vous demanderois de vostre troisième volume de quoi remplir ce second.»

256. **LATUDE** (Masers de), célèbre par sa longue captivité à la Bastille.

Mémoire sig. Delatude, *ingénieur*, à Monseigneur le président de l'Assemblée nationale; Paris, 23 février 1790, 2 p. 1/3 in-fol, avec le cachet de l'Assemblée constituante.

Demande d'un emploi d'huissier de l'Assemblée, en faveur du sieur Girard qui, avec Mme Legros, est parvenu à faire sortir Latude de prison, après des démarches incessantes à Versailles, auprès des grands et des ministres. «Les vrais amis de la liberté n'ont point oublié, sans doute, ni les malheurs du S. de Latude, renfermé pendant 35 ans à Vincennes et à la Bastille, ni l'action généreuse de Mme Legros, qui, pendant 3 années consécutives, n'a épargné ni soins ni fatigues pour lui procurer enfin sa liberté.» Cette curieuse pièce porte, outre les signatures de *Latude*, de M. et de Mme *Legros* et de *Chabot de Larochefoucauld*, celle de *Talleyrand*, président, et des membres suivants du bureau de l'Ass. nationale, qui accordent la place d'huissier au sieur Girard: *Guillotin*, *Biauzat*, le Bon de *Marguerittes*, *Castellane*, *Champagny*, *Bonnay* et *Lapoule*.

257. **LAVALETTE** (le cte de), directeur des postes.

1° Trois L. sig.; plus 1 L. sig. du général de Saint-Simon, du 22 déc. 1815, relative à l'évasion de Lavalette.

258. **LAVATER** (J. G.), créateur de la science physiognomonique.

L. aut. sig. en français, au libraire Barde, de Genève, auquel il donne les conditions de vente de ses *Essais de physiognomonie*; Zurich, 9 mars 1785, 1 p. pl. in-4.

259. **LAVOISIER** (Ant.-Laurent), savant illustre, créateur de la nouvelle nomenclature chimique, décapité en 1794.

L. aut. sig. à Mollien (1er commis des finances, et, depuis, ministre); 3 oct. 1786, 3 p. in-4.

Toute relative à des difficultés survenues entre les fermiers généraux et l'administration supérieure, sur la question de savoir si la râpe doit être rendue aux débitants de tabacs. Il demande, au nom de sa compagnie, la décision du contrôleur général. «Je ne me croirais pas permis de professer et de soutenir une opinion qui seroit contraire à un parti pris par le ministre.»

260. **LEBEUF** (Jean), savant chanoine d'Auxerre.

L. aut. sig. à Dom Marterme; Auxerre, 29 juin 1721, 2 p. in-4.

Il le consulte sur l'authenticité d'une charte du chapitre d'Auxerre, remontant au XIe siècle. «Il est vrai que nous avons les biens qui sont mentionnés dans cette charte, mais n'est-elle point faite après coup? C'est de quoi je suis en peine. J'espère de votre sincérité ordinaire que vous aurez la bonté de me dire si vous ne la croyez point partie de la boutique de quelque faussaire comme vous savez qu'il y en a eu qui ont fait profession de faire des titres.»

261. **LEBRUN** (Ch.), peintre de Louis XIV.

Reçu de 3 lignes aut. sig. à Audran. Ce 7 déc. 1677.

262. **LECT** (Jacques), en latin *Lectius*, savant jurisconsulte.

L. aut. sig. en latin, à Casaubon; 11 mai 1598, 1 p. in-4. Cachet.

263. **LEFÈVRE** (Tannegui), savant philologue, né à Caen.

L. aut. sig.; Saumur, 1 p. in-4.

264. **LEIBNIZ** (God. Guil.), illustre philosophe.

L. aut. sig.; Hanovre, 30 octobre 1710, 2 p. in-8.

Nouvelles littéraires et politiques; demande de renseignements sur une médaille de Jupiter Rhodien; détails sur la solution qu'il a donnée de cette question *assez agitée*: «Pourquoy l'air pluvieux se montre plus léger par le barometre.»

265. **LE MÊME.**

L. aut. sig. à l'abbé Bignon; Vienne, 26 mai 1714, 2 p. in-4, Cachet.

Lettre philosophique d'un véritable intérêt. — Il se réjouit de ce que la paix devient presque générale. «Les sciences refleuriront... On ira, en peu d'années de tranquillité, plus loin qu'on étoit allé dans 30 pendant les troubles. Il seroit à souhaiter qu'on prît soin un peu plus qu'on ne fait, des avancemens de la Médecine pratique, en distinguant la simple hypothèse d'une conjecture, la conjecture vraisemblable de la certitude des faits; mais surtout qu'on s'attacha davantage à faire et à enregistrer des observations... Je ne considère plus les mathématiques pures que comme un exercice servant à pousser l'art de penser; car pour la pratique tout y est presque découvert depuis les nouvelles méthodes. Mais il n'en est pas de même de la physique, où nous ne sommes que dans le vestibule.»

266. **LÉOPOLD I**er, empereur d'Allemagne.

L. aut. sig. en espagnol; Vienne, 1 p. 1/2 in-fol. Belle lettre.

267. **LEPEINTRE** jeune, célèbre acteur.

L. aut. sig. 1834, 1 p. in-8.

Burdett (Francis), économiste anglais.

L. aut. sig. 1835, 2 1/2 p. in-8.

268. **LEQUIEN** (Mel), savant dominicain, né à Boulogne-sur-Mer.

L. aut. sig., 1 p. 1/2 in-8.

269. **LESDIGUIÈRES** (Fois de Bonne, duc de), connétable de France.

L. aut. sig. au roi; Lyon, 3 janvier 1604, 1 p. pl. in-fol.

Toute relative à M. de Créquy.

270. **LETELLIER** (Ch. Maur.), archevêque de Reims.

1° L. aut. sig.; Tournay, 14 juin 1698, 1 p. 1/2 in-4.

2° Sermon aut., 27 p. in-4.

271. **LE TOURNEUR** (Pierre), littérateur et traducteur.

Compte rendu aut. sig., en qualité de censeur, de l'ouvrage *La découverte de l'Amérique a-t-elle été utile ou nuisible au genre humain?* 1785, 3 p. in-4.

272. **LHOPITAL** (Mel de) illustre chancelier.

Reçu sig. sur vélin. 1570, in-fol. en travers. Cachet.

273. **LIEBIG** (Justus, baron), célèbre chimiste allemand, créateur de la chimie organique.

1° Fragments scientifiques, en allemand, 12 p. aut. in-fol., in-4 ou in-8.

2° L. aut. sig. en allemand, 9 avril 1852, 1 p. in-8.

274. **LIGNE** (CH. Jos., prince de), feld-maréchal autrichien, bel esprit et littérateur.

1° B. aut. sig. à M. Théaulon; ce mercredi, à Versailles, 1/2 p. in-8.

Prière de donner des à-comptes à ses créanciers. «Parlez surtout à Maréchal, qui menace d'en venir aux extrémités.»

2° *Réponse à des vers charmants, accompagnés du présent d'une belle plume d'or.* Pièce de vers aut., 1 p. in-8.

275. **LIONNE** (Hugues de), célèbre diplomate et ministre.

L. aut. sig.; Paris, 21 janvier 1655, 1 p. in-fol.

Rectifications, faites par Mazarin, de plusieurs articles d'un traité de paix.

276. **LITTÉRATEURS.** Quinze lettres aut. sig.

Arlincourt, 1 p. in-4. — Deschamps (Em.), 2 p. in-8. — Dumas (Alex.), 1/2 p. in-18. — Gozlan (Léon), 1 p. in-4. — Janin (J.), 1/2 p. in-8. — Reybaud (L.), 2 p. in-8. — Roger de Beauvoir, 1/2 p. in-8. — Soulié (Fréd.), 1/2 p. in-8., etc.

277. **LITTÉRATEURS.** 175 lettres ou pièces, la plupart aut. sig.

Briffaut (Eug.), Cahen, Champollion-Figeac, Fain, Hauréau, Marco-Saint-Hilaire, etc.

278. **LITTÉRATEURS ET HOMMES POLITIQUES.** Seize lettres aut. sig.

Dalton-Shée, Durrieu (X), Kératry, Girardin (E. de), Marast, L. aut., Michelet, Pyat (Félix), Quinet, Véron, etc., 10 p. in-8.

279. **LITTÉRATEURS, HOMMES POLITIQUES,** etc. Neuf lettres.

Bulwer, L. aut. sig. en anglais, 1 p. in-4. — Capo-d'Istria. L. sig. 1828, 1/2 p. in-4. — Dorat, poëte. B. à ordre de 3 lig. aut. sig. — Lacordaire, L. aut. 1836, 1 p. in-4. — Lafare (le cardinal de), L. aut. sig., 1 p. in-8. — Libri, L. aut. sig., 3/4 de p. in-8. — Martinez de la Rosa, L. aut., 1 p. in-8. — Pradt (de), B. aut. sig., 1/2 p. in-4. — Vidocq, L. aut. sig., 1 p. 1/2 in-4.

280. **LITTÉRATEURS, SAVANTS ET AUTRES.** 79 lettres ou billets aut. sig., ou seulement sig.

281. **LITTÉRATEURS ALLEMANDS.** Sept lettres aut. sig.

Diestercoeg, 1 p. in-8. — Eckermann, compte rendu aut. de *Timoléon*, drame de Weber, 1 p. 1/2 in-fol. — Grimm (Jacob), L. aut. sig. *Jac. Gr.*, 1 p. in-8. — Gans, Bil. de 4 lig. aut. sig. — Holtei, 1 p. in-4. Cachet. — Mohl (R.), 1 p. in-8. — Truchsess, 1814, 7 p. in-4. Détails littéraires.

LITTÉRATEURS ALLEMANDS. Douze lettres aut. sig.

Pratz, 3 p. in-8. — Voss, 1799, 3 p. in-8. Relative à ses ouvrages. — Schlichtegroll, 2 p. in-8. — Spazier, 1 p. in-4. — Stieglitz, 1830, 1 p. in-4. — Gervinus, 1 p. in-4. — Gutzkow, 1 p. in-4. — Heine (L. G.), 1/2 p. in-4. — Laube, 1844, 4 p. in-4. Détails littéraires. — Kreg de Nidda. 1823, 4 p. in-8. — Steffens, 1 p. in-8. — Auerbach, 1845, 1/2 p. in-4.

282. **LONGUEVILLE** (Henri d'Orléans, duc de), beau-frère du grand Condé, ambassadeur à Munster, etc.

L. aut. sig.; Munster, 18 février, 1 p. in-4.

283. **LONGUEVILLE** (Anne-Geneviève de Bourbon, duchesse de), héroïne de la Fronde.

L. aut. sig. à la mère angélique de Saint-Jean; Paris, 4 août, 1 p. 1/2 in-4.

Le retour de M. Arnauld ne lui a rien appris : elle s'attendait, depuis longtemps, à l'élection de la mère angélique par sa communauté.

284. **LA MÊME.**

L. aut. sig. à la mère Agnès; Le Bouchet, 29 mai, 3 p. in-8, Cachet.

Elle la prie de la regarder désormais comme un membre de son Corps, quoiqu'elle soit très-indigne d'une telle qualité.

285. **LORRAINE** (Charles V, duc de), général au service de l'Autriche.

1° L. aut. sig. en italien; 1681, 4 p. in-4.

2° L. aut. sig. en français, 1 p. in-4.

286. **LORRAINE** (Louis de), comte d'Armagnac, grand écuyer de France.

L. aut. sig.; Fontainebleau, 29 août 1712, 1 p. in-4.

287. **LORRAINE** (princes de la maison de). Six lettres aut. sig.

Elbeuf (le duc d'), 1 p. 1/2 in-4. — Henri, Milan, 8 mars 1706, 3 p. in-4. — Ch. Thomas, Vienne 1697, 3 p. in-4. — Lislebonne, 1668, 3/4 de p. in-4. Cachet. — Christian, Strasbourg 1676, 1 p. in-4. — Léopold, Lunéville, 27 oct. 1719, 1 p. in-4.

288. **LORRAINE** (princesses de la maison de). Cinq lettres.

Béatrix, L. aut. sig. 1660, 1 p. in-4. — Nicole, L. sig. à M. Lefèvre; Paris 1634, 1 p. in-4. Cachets et soies. — Charlotte d'Armagnac, pièce sig. 1724, 1 p. in-fol. — Marguerite, L. aut. sig. à la duchesse de Brunswick. L. aut. sig., 1 p. in-4. Cachets. — Vaudemont (la princesse de). L. aut. sig.; Bruxelles, 1683, 4 p. in-4.

289. **LOUIS XI**, roi de France.

L. sig. sur papier, à la cour des comptes; La Mothe, 2 août 1480, in-4. en travers. Jolie pièce.

Ordre de faire faire à N. Dame de Paris un service pour le repos de l'âme de son oncle le roi de Sicile. « Faictes faire ledit obseque le plus honnorable et le plus solennel que faire se pourra. »

290. **LOUIS XII**, roi de France.

Pièce sig. sur vélin; Amiens, 5 octobre 1513, in-fol.

291. **LOUIS XIII**, roi de France.

L. sig. avec la souscription aut., à son oncle le duc de Lorraine; Saint-Germain, 6 décembre 1619, 1 p. in-fol., Cachet.

Relative aux mouvements d'Allemagne et aux intérêts de la religion catholique.

292. **LOUIS XIV**, roi de France.

L. aut. sig. à l'archevêque de Sens; Fontainebleau, 18 novembre 1661, 1 p. in-4. Cachets et soie.

Fondant une cure à Fontainebleau, pour l'établissement de laquelle il donne 6 mille livres, et ne voulant pas partir de cette ville sans avoir entendu la messe du nouveau curé, il prie le prélat de faire tout ce qui est nécessaire à cet égard.

293. **LE MÊME.**

L. aut. sig. à l'archevêque de Reims; Bayonne, le 9 octobre 1680, 1 p. in-4. Cachets et soies.

Il le félicite sur sa conduite dans l'assemblée générale du clergé de France, et le remercie du compliment qu'il lui a fait sur le succès de Strasbourg.

294. **LE MÊME.**

L. aut. sig. à l'abbesse de Chelles; 7 août 1680, 1 p. in-4. Cachets et soies.

295. **LE MÊME.**

L. ou circulaire sig., et contre-sig. *Arnaud*, à l'archevêque de Rheims; au camp d'Apelestre, 1er juin 1676, 5 p. 1/2 in-fol.

Relative à l'extinction de la mendicité et à l'établissement d'hôpitaux dans chaque ville du royaume.

296. **LOUIS XV**, roi de France.

Apostille aut. de 11 lig. sig. de son paraphe, en marge d'un rapport aut. sig. du ministre Saint-Florentin, annonçant que les états de Bourgogne viennent d'accorder le don gratuit d'un million qui leur a été demandé par le roi. Paris, 24 et 29 juin 1745, 2 p. in-4.

297. **LOUIS-PHILIPPE Ier**, roi des Français.

Approbation de 3 lig. aut. sig. au bas d'un projet de nomination d'employés dans les forêts d'Orléans; 25 février 1815, 1 p. in-fol.

298. **LOUIS**, Dauphin, fils unique de Louis XV, père de Louis XVI.

L. aut. sig. (au P. Griffet, jésuite); Versailles, 3 juin 1747, 3 p. in-4.

Enchanté de son *Année chrétienne*, il le charge de faire un *Traité de la sacrée communion*, et lui trace le plan à suivre, le priant de commencer au plus tôt ce travail. « Il n'y en a aucun qui soit dans ce goût-là... Je vous demande en grâce de ne point dire que c'est moy qui vous en ai prié. »

299. **LOUIS**, dit *le Grand Dauphin*, fils unique de Louis XIV.

L. aut. sig.; Versailles, 12 avril 1703, 1 p. 1/2 in-8.

300. **LE MÊME.**

Devoir aut., avec de légères corrections de Bossuet, 8 p. in-4.

301. **LE MÊME.**

L. aut. sig.; Marly, 23 avril 1705, 1 p. 1/2 in-8.

Jolie lettre d'amitié, adressée sans doute à Louis de Vendôme, alors à l'armée d'Italie. « J'auray bientot le plaisir de vous revoir et de vous mener à Meudon, où vous trouverez bien des choses nouvelles... »

302. **LOUISE DE LORRAINE**, reine de France, femme de Henri III.

L. aut. sig. à son frère; ce 18 juin, 1 p. pl. in-fol. Très-belle lettre.

303. **LOUVOIS** (Cam. Le Tellier, abbé de), bibliothécaire du roi, de l'Acad. fr.

L. sig. à Letellier, archev. de Reims; Reims, 21 septembre 1709, 1 p. in-4., avec la réponse en marge, aut. sig. de celui-ci.

304. **LULLY** (J. B.), compositeur célèbre.

Quit. sig. sur vélin, 1686, in-8.

305. **MABILLON** (Jean), illustre bénédictin.

L. aut. sig. à M. de Nully, chanoine de Beauvais; 1er juillet 1695, 3 p. in-4.

Eclaircissements sur une charte de Chilperic II, et sur l'évêque Foulques; détails sur l'épidémie qui règne en ce moment.

306. **LE MÊME.**

L. aut. sig. à Dom Martenne. 25 novembre 1694. 2 p. in-8.

307. **MAINE** (L. Aug. de *Bourbon*, duc du), fils de Louis XIV et de Mad. de Montespan.

L. aut. sig. au duc Louis de Vendôme; Marli, 4 janvier 1704, 6 p. in-4., mouillée en tête.

Très-curieuse épître, dans laquelle il gourmande vertement le duc de Vendôme d'avoir, sans l'en prévenir, sollicité de commander les maréchaux de la dernière promotion, ce qui était une dérogation à leurs dignités de princes français. Le duc de Maine a eu, à ce sujet, un entien avec le roi, qui lui a déclaré ne vouloir jamais y consentir. M. de Chamillard, qu'il a vu aussi, l'a également rassuré. Détails sur les prérogatives des fils naturels des Rois de France. « Nous sommes d'une espèce unique dont certainement personne ne plaidera la cause, ayons y donc de l'attention, et quand il s'agira d'innover ne fesons rien je vous prie que de concert... Les mareschaux auroient tort d'estre faschés de nous estre subordonnés et de faire tant les renchéris, quand il plaira au Roy d'en mettre en mesme armée que nous, l'histoire fournissant des exemples qu'ils ont esté commandés par des princes de la maison de Lorraine. »

308. **MAGLIABECCHI** (Ant.), savant bibliothéc. de Come III.

L. aut. sig. en italien à Baluze, 3 p. in-8. Cachet. Toute bibliographique.

309. **LE MÊME.**

L. aut. sig. en italien; Florence 1700, 2 p. in-4.

310. **MAILLY** (Marie-Anne-Fçoise de Sainte-Hermine, ctesse de), dame d'atours de la Dauphine, nièce de Mad. de Maintenon.

L. aut. sig. à d'Hozier; Paris, 3 juillet 1713, 2 p. in-4. Cachet.

Demande de communication de titres pour sa Généalogie.

311. **MARCIN** (Ferd., cte de), négociateur, maréchal de France.

L. aut. sig. à Monseigneur ...; Cremone, 3 juillet 1702, 6 p. in-4. Belle lettre.

312. **MARÉCHAUX DE FRANCE.** Cinq lettres aut. sig.

Boufflers, 1695, 1 p. in-8. — La Feuillade, 1704, 1 p. 3/4 in-4. — Maillebois, 1720, 1 p. in-4. — Noailles, 1705, 2 p. in-4. — Villeroy, 1713, 2 p. in-4.

313. **MARÉCHAUX DE FRANCE.** Huit lettres sig.

Chamilly, 1713, 1 p. 1/2 in-4. — Montesquiou, Rennes 1720, 5 p. 1/2 in-fol. — Montrevel, 1713, 1 p. 1/2 in-fol. — Villars, 1712, 2 p. 1/2 in-fol. — Kellermann, 3 pièces sig. — Moncey, L. sig., 2 p. 1/2 in-fol.

314. **MARECHAUX DE FRANCE.** Huit lettres sig.

Augereau, Bernadotte, Bessières, Bourmont, Brune, Duroc, Lefebvre et Ney.

315. **MARÉCHAUX DE FRANCE.** Onze lettres sig. et une lettre aut. sig.

Estrées, 1689, 1 p. in-fol. — Estrées, 1720, 1 p. in-fol. Lorge, 1769. — Bugeaud, L. aut. sig., 1 p. in-8. — Clauzel. — Davout. — Viomenil., etc.

316. **MARÉCHAUX DE FRANCE.** 41 lettres ou pièces sig.
Bessières, Clausel, Gérard, Molitor, Reille, Sébastiani, Vioménil, etc.

317. **MARGUERITE DE FRANCE**, fille de François Ier, épouse de Phil.-Em[el] de Savoie, protectrice des lettres.

L. sig., avec la souscription aut., à M. Danvilliers, ambassadeur; Saint-Germain, 22 décembre 1557, 3/4 de p. in-fol. Jolie lettre.

318. **MARIE DE MÉDICIS**, reine de France.

L. sig., avec la souscription aut., au comte de Vaudemont, son neveu; Nantes, 28 août 1614, 2 p. 1/2 in-fol. Une légère déchirure.

Pièce historique, relative à tout ce qui s'est passé dans les états tenus à Nantes, et dans laquelle la reine, alors régente, annonce qu'elle est sur le point de revenir à Paris, avec son fils, pour assister aux états généraux (où la majorité de Louis XIII doit être déclarée). Détails sur la soumission du duc de Vendôme, etc.

319. **LA MÊME.**

L. sig. au même; Paris, 1er avril 1617, 1/2 p. in-fol.

320. **MARIE**, impératrice d'Allemagne, femme de Ferdinand III.

L. sig., en espagnol, avec 5 grandes lignes aut., au c[te] D'onate; 11 novembre 1643, 1 p. in fol.

321. **MARIE-ÉLÉONORE D'EST**, reine d'Angleterre, femme de Jacques II.

L. sig. au duc de Vendôme; Saint-Germain, 27 octobre 1694, 3/4 de p. in-4. Cachet.

Relative à la mort du duc de Modène.

322. **MARIE-LOUISE DE SAVOIE**, reine d'Espagne, première femme de Philippe V.

L. aut. sig. à son cousin; Madrid, 21 août 1710, 1 p in-4. Très-jolie épître.

323. **MARILLAC** (Louis de), maréchal de France, décapité en 1633.

L. sig., avec la souscription aut., au prince de Vaudemont; Verdun, 12 juillet 1625, 2 p. in-fol. Cachet. Belle et curieuse lettre relative à ses démêlés avec le prince.

324. **MARS** (Mlle), célèbre actrice de la Comédie-Française.

L. aut. sig., 2 p. in-8.

325. **MARTENNE** (Edmond), savant bénédictin.

L. aut. sig. au R. Père ...; Tours, 18 mai 1708, 2 p. 1/2 in-fol.

Il donne des regrets à la mémoire de Mabillon, et envoie la copie de 4 lettres que celui-ci lui a écrite de 1694 à 1707.

326. **MAXIMILIEN Ier**, électeur de Bavière.

L. aut. sig. à sa tante la duchesse de Brunswick; Sturenberg, 6 juillet, 1 p. in-fol. Cachet.

327. **MAXIMILIEN-EMMANUEL**, électeur de Bavière, mis au ban de l'empire par Louis XIV.

L. aut. sig. (au duc de Vendôme); au camp d'Offenhausen, 23 septembre 1702, 2 p. in-4.

Il le prie d'intercéder pour lui auprès du roi d'Espagne pour un secours dont il aurait une reconnaissance éternelle à S. M.

328. **MAZARIN** (le card[al] de), premier ministre de Louis XIII.
L. sig., terminée par 5 lignes aut., au procureur général; A la Ferté, 11 août 1656, 1 p. 1/3 in-4.

329. **LE MÊME.**
L. sig., avec 25 lignes aut., au même; Metz, 20 octobre 1657, 4 p. in-4.
Lettre importante, adressée, probablement, à Fouquet, et toute relative aux questions financières du moment: nomination de M. Hervart, personnage qui déplait aux prélats et aux intendants; 9 millions envoyés à Lyon; approvisionnements de l'armée; affaires de Mademoiselle, de la marquise de Richelieu, de Mme de Motteville; mise en liberté de Chemirau et de Tabouret, détenus à la Bastille; etc.

330. **MÉDECINS.** Six lettres aut. sig.
Adelon. 1 p. 1/2 in-4. — Alibert. 1/2 p. in-4. — Booring. 1/2 p. in-8. — Dubois (Ant.). 1 p. in-8. Dupuytren. Ordonnance. 1 p. in-4. — Sichel. Ordonnance, 1 p. in-8.

331. **MÉDECINS.** 136 lettres ou pièces aut. sig. ou seulement sig.
Parmi les lettres aut. sig., on remarque: Chicoyneau, 1738, 2 pièces; Cloquet, Civiale, Husson, Larrey, Richerand, Ricord, Recamier, Trousseau, Velpeau, Virey, etc.

332. **MÉDECINS ET PHYSIOLOGISTES ALLEMANDS.** Quatre lettres aut. sig.
Blumenbach, Billet de 2 lig. aut. sig. — Otto (A. W.), 1838, 2 p. in-4. Cachet. — Wendt, 1843, 1 p. in-8. — Valentin, 1839, 1 p. in-8.

333. **MÉLANCHTON** (Philippe), célèbre réformateur.
Billet de 5 petites lignes aut. sig., en latin. Pièce d'album.

334. **MÉNAGE** (Gilles), bel esprit et savant étymologiste.
Quit. aut. sig. sur vélin, comme conseiller et aumônier du Roi; Paris, 3 décembre 1665, 1/2 p. in-4, en travers.

335. **MEZERAY** (F[ois] Eudes de), célèbre historien.
1° Quit. sig. sur vélin. 1678, in-8.
2° Notes aut. sur l'histoire de France, époque du XVe siècle, 2 p. in-4.

336. **MINISTRES.** Cinq lettres aut. sig.
Barbesieux (de), 4 p. in-4. — Chamillard, 1708, 2 p. 1/2 in-4. — Colbert de Torcy, 2 p. 1/2 in-4. — Letellier, 1 p. pl. in-4. — Maurepas (de), 1697, 3 p. in-4.

337. **MINISTRES.** Six lettres aut. sig.
Dangivilliers, 1749, 2 p. in-4. — D'Argenson (M. R.), 1702, 4 p. in-4. — Lamoignon, 1760, 1/2 p. in-8. — Miromesnil, 1782, 1 p. in-4. — Pontchartrain, 1699, 1 p. in-4. — — Puyzieulx, 1707, 1 p. in-fol.

338. **MINISTRES.** Douze lettres sig.
Arnauld de Pomponne, Colbert, de Croissy, D'Armenonville, Lavrillière, Lepeletier, Meaupoue, Vergennes (de), Voysin, etc.

339. **MINISTRES.** Neuf lettres aut. sig.
Barthe, 1/2 p. in-8. — Billault, 1836, 1 p. in-8. — Carnot (H.), 1 p. in-8. — Caux (de), 1839, 1/2 p. in-12. — Crémieux, 1 p. in-8. — Decazes, 1844 1/2, p. in-8. — Dumas, 1 p. in-4. — Portal, 1 p. in-8. — Vatimesnil, 1840, 1 p. 1/2 in-8.

340. **MINISTRES.** Quarante lettres ou pièces sig.

341. **MINISTRES.** Soixante lettres sig.

Daru, Merlin, Perier (Casimir), Peyronnet, Savary, duc de Rovigo, Talleyrand, etc.

342. **MINISTRES DE LA RÉVOLUTION DE 1789.** Trente lettres sig.

Clavière, Delessart, Gohier, Paré, Servan, etc.

343. **MONCEY,** duc de Conegliano, maréchal de France.

L. aut. sig. 2 p. pl. in-4. Cachet. Relative au mariage de sa fille.

344. **MONDEUX** (Henri), le pâtre mathématicien

Fragment aut. de l'histoire d'Egypte, 1 p. in-8.

345. **MONTAUSIER** (Julie d'Angennes, duchesse de), femme célèbre par sa grâce et son esprit, et pour laquelle fut faite la fameuse *Guirlande de Julie.*

L. aut. sig. au maréchal de Guiche; 10 juin 1642, 2 p. in-4. Cachets et soies. Jolie épitre.

346. **MONTCHAL** (Charles de), archevêque de Toulouse, savant helléniste.

L. aut. sig. à M. Petit, à Nîmes; Toulouse, 23 janvier 1637, 1 p. pl. in-4, cachets. Belle lettre.

347. **MONTFAUCON** (Bernard de), illustre bénédictin.

L. aut. sig. à Dom. Cl. Martin; Paris, 11 juillet 1696, 2 p. in-4, cachet.

Toute relative à divers ouvrages qu'il se propose de publier.

348. **LE MÊME.**

L. aut. sig.; Rome, 23 juin 1699, 2 p. in-4.

Relative à la mort de Dom Estiennot.

349. **MONTLUC** (Jean de), seigneur de Balagni, maréchal de France, souverain de Cambrai.

L. aut. sig. au Roi; 10 décembre 1594, 1 p. pl. in-fol. Belle lettre.

350. **LE MÊME.**

L. aut. sig. à M. de Lusignan, 1/2 p. in-4.

351. **MOREAU** (Victor), général en chef.

L. aut. sig.; New-York 1808, 1 p. pl. in-4.

352. **MONTMORENCY** (Anne de), connétable de France, favori de François Ier.

L. aut. sig. à M. de Villandry; Narbonne, 11 octobre. Belle lettre.

Annonce de l'arrivée prochaine de l'empereur (Charles-Quint) à Barcelone (probablement pour conclure la paix avec François Ier).

353. **MORUS** (Alexandre), célèbre ministre protestant, dont les prédications, à Castres, où il est né, à Genève et à Charenton, eurent un grand succès.

L. aut. sig. à Sam. Petit; Genève, 27 décembre 1639, 3 p. in-4. Cachet avec une tête de maure.

Il propose à Petit, au nom des magistrats de Genève, une chaire de théologie, d'histoire grecque et de philologie dans cette ville.

354. **MORTEMART** (Gabriel de *Rochechouart*, duc de), père de Mesdames de Montespan et de Thianges.

L. aut. sig. au cardinal Mazarin; Paris, 11 septembre 1653, 2 p. in-4. Cachet.

Le prince de Conti et ceux de Bordeaux, ayant été amnistiés et réinlégrés dans leurs charges, il demande la même faveur pour son frère (le comte de Maure, qui a joué un grand rôle dans la Fronde).

355. **MURATORI** (Ant.), historien et antiquaire italien.

L. aut. sig., en italien, à B. de Montfaucon; 16 février 1703, 3 p. in-4.

Toute relative à la bibliographie et aux antiquités.

356. **NAPOLEON I**er, empereur des Français.

Le mot *accordé N.*, autog., au bas d'une demande qui lui est faite, au nom de l'impératrice Joséphine, de l'ouvrage de la Commission d'Égypte, 1 p. in-fol.

357. **NAPOLEON** (famille). Quatre lettres sig.

Bonaparte (Lucien), 2 p. 1/2 in-fol. — Bonaparte (Jh), 1806, 1 p. in-4. — Eugène Beauharnais, 3/4 de p. in-4. — Murat (Joachim), an XII, 1 p. in-4.

358. **NAUDÉ** (Gabriel), savant bibliographe.

Copie aut. sig. de deux lettres de lui, en latin; 1627, 1 p. 1/4, in-4.

359. **NELSON** (Horace), célèbre amiral anglais.

L. aut. sig. en anglais, à sa femme, 1 p. in-8.

360. **NESMOND** (Henri de), prédicateur distingué, évêque d'Albi, de l'Acad. fr.

L. aut. sig.; Montpellier 1712, 4 p. in-4.

Il fait le tableau du malheureux état de son diocèse, et demande des secours.

361. **NICAISE** (Cl.), antiquaire, né à Dijon.

L. aut. sig. à Mabillon; Dijon, 8 mars 1684, 3 p. in-4. Cachet.

Renseignements sur des manuscrits de la bibliothèque du président Boyer.

362. **NIEBUHR** (B. G), le savant critique de l'histoire romaine.

1° Note de livres sig.; Bonn, 16 juillet 1825, 1 p. in-4.

2° Notes aut, 1 p. 1/3 in-4.

363. **NOBLESSE FRANÇAISE.** 69 lettres ou pièces.

Bourbons: duc du *Maine*; comte de *Toulouse*; le prince de *Condé*, ministre; le prince de *Condé*, général des émigrés, 8 pièces. — Broglie (famille de), de 1713 à 1838, 15 pièces. — Caumont-Laforce (famille de), de 1810 à 1835, 23 lettres. — Noailles (famille de), de 1761 à 1824, 15 lettres. — Orléans (Catherine Angélique d'), abbesse de Maubuisson, et Marguerite Louise, grande-duchesse de Toscane, 2 pièces sig. — Talleyrand (famille de), de 1830 à 1844, 6 lettres.

364. **NODIER** (Charles), de l'Acad. fr.

L. aut. sig. à Monseigneur ....; Paris, 26 janvier 1830, 1 p. in-fol.

Il sollicite une place qui lui permette de faire une dot à sa fille, qui épouse M. Menessier. « Je n'ai jamais fait valoir mes droits comme royaliste. Ils sont particulièrement connus de M. de Polignac, de M. de Courvoisier, de M. de Bourmont. » Louis XVIII s'était chargé de la dot de sa fille, et Charles X lui avait proposé des secours.

365. **OBERLIN** (Jérémie-Jacq.), philologue distingué, professeur, administrateur et bibliothécaire de Strasbourg.

L. aut. sig. au citoyen Lamouroux, professeur à Nancy; Strasbourg, 3e j. compl. de l'an VII, 2 p. 1/3 in-4. Relative à la bibliographie.

366. **ORIENTALISTES ALLEMANDS.** Quatre lettres aut. sig.

FLEISCHER, Leipzig 1812, 3 p. pl. in-4. — FALLMERYER, 1843, 1 p. 1/2 in-4. — FLÜGEL, 1842, 3 p. pl. in-8. Belle lettre. — MOHL, 1/2 p. in-12.

367. **ORLÉANS** (Philippe duc d'), régent de France.

L. sig.; au camp de Corregioli, 23 juillet, 2 p. in-4. Détails militaires.

368. **LE MÊME.**

L. sig.; Guastalla, 13 août (1706), 3 p. 1/2 in-4. Mouillée en tête.

Pièce militaire intéressante, toute relative à la campagne d'Italie.

369. **ORLÉANS** (Louis duc d'), abbé de Sainte-Geneviève, fils du régent.

L. aut. sig. à Dom Jacques Martin; Sainte-Geneviève, 25 novembre 1746, 2 p. 1/2 in-4. Cachet.

Discussion sur une question d'histoire.

370. **ORLÉANS** (Charlotte-Élisabeth de BAVIÈRE, duchesse d'), mère du régent.

L. aut. sig. à son neveu; Marly, 22 juin 1711, 1 p. pl. in-4.

371. **ORLÉANS** (Marie d'), épouse de Gaston, mère de Mlle de Montpensier.

L. aut. sig. à sa sœur, 2 p. in-4. Cachet.

372. **ORLÉANS** (Louise-Adélaïde d'), fille du régent, abbesse de Chelles.

L. sig. à M. Dodun, 1723, 1 p. in-4. Cachet.

373. **ORVILLE** (J. PH. d'), littérateur et antiquaire.

L. aut. sig. à B. de Montfaucon; Amsterdam, 2 septembre 1724, 4 p. pl. in-4.

Témoignage de reconnaissance pour le bon accueil qu'il a reçu chez les Bénédictins de Paris et de Reims; nouvelles des nombreuses publications qui se font en Hollande, notamment de plusieurs classiques latins et grecs avec commentaires.

374. **OSSAT** (Armand d'), cardinal, diplomate célèbre.

L. aut. sig. au duc de Nivernais; Rome, 30 août 1595, 4 p. in-fol. Cachet.

Très-belle pièce, et d'un haut intérêt historique : le pape a réuni les cardinaux à propos de l'affaire de Henri IV ; plus des trois quarts se sont prononcés pour l'absolution. Le cardinal transmet *ceste bonne nouvelle* au duc de Nivernois, ajoutant que Sa Sainteté a résolu d'expédier cette absolution. Il est probable qu'il la donnera solennellement en public, « le jour de la nativité de nostre Sauveur, qui sera d'ici à neuf jours. »

375. **PALLAVICIN** (le marquis), général piémontais, qui joua un rôle singulier sur la fin du règne de Louis XIV (voir Saint-Simon et Dangeau).

L. aut. sig. à Monseigneur (le duc de Vendôme); Turin, 15 février 1703, 4 p. in-4. Un peu tachée.

Il brûle de servir sous le duc, et lui indique dans quels termes l'ambassadeur de France doit écrire au duc de Savoie, pour que celui-ci accorde le congé dont il a besoin pour se rendre à l'armée.

376. **PAPILLON** (Philibert), historien Bourguignon.

L. aut. sig. au R. P. Lebrun, de l'oratoire, 3 p. in-4. Cachet.

Il lui donne la description d'un beau Missel et d'un graduel sur vélin qui se trouvent chez les Jésuites de Dijon.

377. **PAVILLON** (Nicolas), évêque d'Alet, coopérateur de Saint-Vincent-de-Paule dans ses œuvres de bienfaisance.

L. aut. sig.; Alet, 9 juillet 1663, 3 p. 1/2 in-4.

Belle lettre, dans laquelle il se plaint des écrits répandus contre lui.

378. **PEEL** (Robert), célèbre ministre anglais.
L. aut. sig. en anglais, 2 p. in-8.

379. **PEIGNOT** (Gabriel), bibliographe et philologue, auteur de curieuses dissertations.
L. aut. sig. (à Amanton); Vesoul 1810, 2 p. pl. in-4.
Après avoir remercié Amanton de l'envoi de la *Notice sur M. L. Baile*, et du Discours sur les *mariages impériaux*, il l'entretient de la publication prochaine de son *Traité des bibliographies spéciales*, qui doit être imprimé chez Didot.

380. **LE MÊME.**
L. aut. sig. à Amanton; Dijon, 1833, 3 p. 1/2 in-4.
Charmante épître, dans laquelle il déplore que sa *besogne universitaire* ne lui laisse pas une minute pour s'occuper de littérature. Détails sur le tirage à part de l'*Éloge de Courtépée*, par Amanton. Nouvelles de l'académie de Dijon. Sortie contre ce *bizarre et élevé M. Nodier*, auquel il a écrit deux fois depuis sa promotion (à l'Académie, sans doute), sans en avoir reçu de réponse. «Comme il y a trois ans qu'il m'a prié de lui dédier un de mes ouvrages, ne ferais-je pas bien de lui jeter le chat aux jambes, par une bonne petite dédicace où je lui ferais sentir aimablement qu'être élevé en dignité n'est pas une raison pour être mal élevé envers ses amis....»

381. **PEINTRES** du siècle de Louis XIV.
Bailly (Jacques), Bailly (N^os^), Bon Boullongne, Hérault (Charles), La Fosse (Ch. de), Lemoyne (Jean), et Baudet (Ét.), graveur. 7 pièces sig.

382. **PEINTRES FRANÇAIS.** Quatre lettres aut. sig.
Coignet (J.), 3/4 de p. in-8. — Delaroche (Paul), 1844, 1 p. 1/2 in-8. Cachet. — Granet, 1826, 1 p. in-8. — Isabey père, 1 p. in-8.

383. **PEINTRES FRANÇAIS.** Six lettres.
Decaisne, 1 p. in-8. — Gérard (Fr.), 1 p. in-4. — Gudin, 1 p. in-18. — Lami, 3/4 de p. in-8. — Picot, 1/2 p. in-8. — Vernet (Horace), bil. de bal, sig.

384. **PEINTRES FRANÇAIS.** 44 lettres, dont 39 aut. sig.
Blanc (Ch.), Champmartin, Dagnan, Delacroix (Eug.), L. aut.; Gigoux, Monvoisin, Salabert, Turpin de Crissé, Van Brée, etc.

385. **PEIRESC** (N. Cl. *Fabri* de), savant illustre.
L. aut. sig. au docteur Petit; Aix, 16 mai 1634, 2 p. in-4. Cachets.

386. **LE MÊME.**
L. aut. sig. au même; Aix, 3 octobre 1634, 1 p. pl. in-4. Cachets.

387. **PELLICO** (Silvio), auteur de *Mes prisons*.
L. aut. sig. en italien; Turin 1836, 3/4 de p. in-8.

388. **PENTHIÈVRE** (L. J. M. de Bourbon, duc de), grand amiral de France.
L. aut. sig. à Joly de Fleury; Triel, 3 septembre 1784, 1 p. in-8.

389. **PÉRIZONIUS** (Jacques), savant philologue et critique.
L. aut. sig. en latin à l'abbé Bignon. 1714, 2 p. in-4.

390. **PERLET** (Adrien), célèbre comédien.
L. aut. sig. à Pixérécourt, 1824, 1 p. in-8.

391. **PHILIPPE II,** roi d'Espagne.
L. aut. sig., en espagnol, au roi (François II), (1560), 1 p. in-fol.
Belle lettre, toute relative à la conspiration d'Amboise; il félicite *son cousin* de l'exemple qu'il vient de faire sur les Guise rebelles.

392. **PHILIPPE V**, roi d'Espagne.

L. aut. sig. à son cousin; Buen Retiro, 23 juillet 1708, 1 p. 1/4 in-4.

Intéressante lettre, probablement adressée au duc de Vendôme, et relative à la prise de Gand et de Bruges.

393. **LE MÊME.**

L. aut. sig. à son cousin (le duc de Vendôme); Madrid, 2 septembre 1710, 2 p. in-4.

Pièce historique. — Il vient d'apprendre l'arrivée du duc en Espagne, et il s'empresse de lui exprimer la joie qu'il en éprouve. « Je vous attends icy avec une grande impacience, espérant beaucoup d'un aussi bon général que vous et croyant qu'il n'y a personne plus capable de réparer le malheur qui vient de m'arriver... Je ne doute pas cependant que la bataille que j'ay perdue ne fortifie l'avis de ceux qui se sont opposez à vostre voyage, et si le Roy mon Grandpère changeoit de sentiment sur vostre sujet, ce que j'ay bien de la peyne à croire, puisque cela seroit entièrement opposé à ses intérêts et qu'il est trop esclairé pour ne pas connoistre ce qui leur convient, je vous prierois toujours de venir icy... »

394. **PHILIPPE D'ORLÉANS**, frère unique de Louis XIV.

L. aut. sig. au duc de Vendôme; Fontainebleau, 7 octobre 1694, 1 p. in-4. Cachet. Jolie épître.

395. **PHILOSOPHES ALLEMANDS.** Huit lettres ou billets aut. sig.

Ancillon, 1824, 1/2 p. in-8. — Jacobi (John), 1828, 1/2 p. in-4. — Riemer, 16 vers aut. sig. — Rosenkrantz, L. aut. sig., 1 p. in-4. — Schelling, 1/2 p. in-8. — Schleiermacher, 3/4 de p. in-8. — Schlegel (Fréd.), 3/4 de p. in-8. — Schulz (G. E.), 1788, 1 p. in-4.

396. **PIRON** (Alexis), poëte et auteur dramatique.

L. aut. à M. Piron, apothicaire à Dijon; 18 août 1744, 3 p. 1/2 in-4. Le second feuillet très-fatigué.

Plaisante épître à son frère, auquel il recommande de s'appliquer à plier ses lettres d'une manière convenable. Envoi de Gravures, détails au sujet de la maladie du Roi, nouvelles de la Guerre, etc.

397. **LE MÊME.**

Le nez et les pincettes, conte aut. en vers, 8 p. pl. in-4.

398. **LE MÊME.**

Quit. de 4 lignes aut. sig., relative à ses droits d'auteur pour trois représentations de la comédie de l'*Ecole des Pères*.

399. **POËTES ALLEMANDS.** Trois pièces

Gessner, (Salomon), Fragment aut., 6 grandes lignes in-4. — Matthisson, Fragment de 8 lignes aut. sig. — Voss, Pièce aut. prose et vers, 1 p. in-8.

400. **POËTES ALLEMANDS.** Sept lettres ou pièces.

Lamotte-Foqué, Pièces de vers aut., 1 p. 1/2 in-4. — Herlossohn, B. aut. sig., 1/2 p. in-4. — Freiligrath, B. aut. sig., 1 p. in-18. — Heine (Henri), Pièce de vers aut., 3 p. in-4. — Kerner (Justinus), L. aut. sig., 2 p. in-8. — Goecking, L. aut. sig., 1 p. in-8. — Gries (Jean-Thierry), L. aut. sig. à Schiller, 1 p. 1/2 in-4. Envoi de sa *traduction du Tasse*.

401. **PRASLIN** (le duc de), pair de France, assassin de sa femme, mort empoisonné dans sa prison en 1847.

5 lig. aut. sig., in-18.

Praslin (Fanny *Sebastiani*, duchesse de), épouse du précédent. Longue apostille aut. sig. sur 1 pièce in-4.

CUBIÈRES (le général *Despans*), ministre de la guerre, dégradé pour prévarications, en 1847.

L. aut. sig.; 26 août 1847, 1 p. in-8.

Il est question dans cette lettre, écrite quelques mois avant sa propre affaire, du suicide du duc de Praslin, qui dispense la cour des pairs de prononcer la peine capitale contre un de ses membres. «Jamais crime ne s'est produit avec des détails aussi révoltants.»

402. **PRÉFETS**, Conseiller d'États, pairs de France, Magistrats, avocats, naturalistes, chimistes, ingénieurs, généalogistes, etc. Environ 250 lettres ou pièces.

403. **PRÉLATS ET AUTRES ECCLÉSIASTIQUES.** Six lettres aut. sig.

COISLIN, évêque d'Alet, 1715, 2 p. in-8. — COLBERT (Ch.-Joachim), évêque de Montpellier, 1708, 3 p. in-4. — LA LUZERNE, évêque de Langres, 1788, 1 p. in-8. — COLBERT DE VILLACERF (l'abbé); Fontainebleau 1699, 4 p. in-4. — LA TRAPPE (Armand-François, abbé de), successeur de Rancé. Abbaye de Bonnefontaine, 1699, 12 p. 1/2 in-4.

Lettre intéressante, concernant les démêlés qu'il a eus avec ses religieux, qui s'étaient fort relâchés depuis la retraite de leur réformateur.

404. **PUCKLER MUSKAU** (le prince de), voyageur, auteur de *Mémoires*.

L. aut. sig.; Alexandrette, 12 octobre 1838, 3 p. pl. in-4.

Il a beaucoup souffert depuis son départ d'Alep; le voilà en route pour Smyrne, où il passera l'hiver; il n'ira pas à Constantinople, où l'on ne peut faire une promenade à cheval, sur la côte, sans se casser le cou.

405. **QUINAULT** (Ph.), poëte lyrique, de l'Acad. franç.

Quit. sig. sur vélin, 1683, in-8.

406. **RACHEL** (Mlle), tragédienne célèbre.

1° L. aut. sig. à une costumière; 1 p. in-8.

Elle la prie de venir demain lui essayer le costume de *Chimène*. «Si vous me faites bien belle (et ce n'est pas peu demander), je vous ferai voir le Cid pour vous forcer d'admirer votre ouvrage (en fait de robe).

2° Copie aut. de 9 vers de Corneille, 1/2 p. in-4.

407. **RACINE** (Louis), auteur du poëme de *La religion*.

Pièce (imprimée) sig.; Soisson 1741, 2 p. 1/2 in-4.

408. **RANCÉ** (A. J. Le Bouthillier de), réformateur de la Trappe.

L. sig. à A. Arnauld; 1699, 1 p. 1/2 in-8, Cachet.

409. **LE MÊME.**

L. sig. à Monseigneur ...; 5 octobre 1684, 2 p. in-4.

Relative au livre de la *Vie monastique*.

410. **LE MÊME.**

L. sig. à la Mme d'Huxelles; 1691, 1 p. 1/2 in-4, Cachet.

411. **RECKE** (Charlotte, baronne de la), duchesse de Courlande, célèbre par ses rapports avec Cagliostro.

1° L. aut. sig., en allemand, à Mendelson; 1785, 1 p. 1/2 in-8, Cachet.

2° L. aut. sig. au même, 1785, 1 p. in-8, Cachet.

412. **RÉFUGIÉS ESPAGNOLS EN 1830.** 49 lettres sig., savoir :

6 de *Castro Terreno*, vice-roi de Navarre; 4 du m^al^ *Gérard*; 7 de *Montalivet*; 27 du général *Jamin*, commandant à Bordeaux; 2 du général *Guyot*, commandant à Toulouse; et 3 du général *Lamarque*.

Dossier curieux pour l'histoire des tentatives des patriotes espagnols après la révolution de Juillet. Toutes ces pièces sont relatives aux mesures prises par le gouvernement français à l'égard des réfugiés, et offrent des détails intéressants sur les engagements qui eurent lieu entre ceux-ci et les troupes espagnoles.

413. **RELAND** (Adrien), orientaliste, philosophe et antiquaire.

L. aut. sig., en latin, à l'abbé Bignon; 1714, 1 p. in-4, Cachet.

414. **RENAUDOT** (Eusèbe), écrivain ecclésiastique, de l'Acad. franç.

L. aut. sig. à Monseigneur ...; 17 décembre 1691, 3 p. in-4.

415. **RETZ** (J. F. P. de Gondy, cardinal de), archevêque de Paris, célèbre frondeur.

L. sig., avec la souscription aut.; 28 août 1661, 3 p. in-fol.

Très-curieuse lettre, écrite de l'exil, et adressée, vraisemblablement, au ministre Letellier. — On veut lui faire renoncer à son diocèse : il est tout prêt à le faire pour plaire au roi et obtenir sa rentrée en France; mais il ne veut pas avoir l'air d'y être contraint. «Je vous conjure, Monsieur, de remettre devant les yeux de Sa Majesté l'estat déplorable dans lequel je me trouve par ce seul principe de ma conscience, et de lui representer que dans le cours de neuf années d'afflictions et d'épreuves, par lesquelles il a plu à la divine miséricorde de chastier les erreurs de ma vie passée, je n'ay point eu d'aplication plus forte ny plus continuelles que celle de peser mes obligations et mes devoirs au poids du Sanctuaire.»

416. **LE MÊME.**

L. sig. à Louis XIV, avec la souscription aut.; (1661), 2 p. in-fol. Belle pièce.

Le roi ayant commandé à tous ses sujets de lui adresser leurs justes plaintes, le cardinal vient lui faire sa *parfaite soumission*, et faire passer son nom devant ses yeux, *comme une image légère des besoins et des nécessitez de son église*. «Je sçay que les Rois sont les images de Dieu, et que nul ne peut estre innocent devant son seigneur irrité. Je ne suis que trop criminel, puisque Vostre Majesté m'a cru coupable.»

417. **REVOLUTION** (divers personnages de la). Cinq pièces sig.

Bailly (Sylvain), 1/2 p. in-fol. — Condorcet, 1 p. in-fol. — Orléans (L. P. J. D'), P. sig. sur vélin, 1781, 1/2 p. in-4. — 2 pièces sig. de divers memb. des comités de la Convention.

418. **RICHELIEU** (le cardinal de), premier ministre de Louis XIII.

L. sig. à M. Lefèvre, intendant des finances en Lorraine; Ruel, 7 oct. 1635, 1 p. pl. in-fol., Cachets et soies.

Ordres pressants de faire réintégrer dans les greniers de Nancy les blés que les munitionnaires en ont extraits pour la subsistance de l'armée.

419. **LE MÊME.**

L. sig. au même; Ruel, 30 octobre 1635, 2 p. in-fol., Cachets et soies.

Amers reproches sur sa négligence à exécuter les ordres qu'il a reçus pour l'approvisionnement de Nancy, «qui est la chose la plus importante pour la conservation de la place;» ordre de fondre les *pièces crevées* pour les convertir en *coulevrines* et *bastardes*, et de relever les fortifications de la ville. «Vous escrirez s'il vous plaist doresenavant par le menu à MM. les secretaires de l'estat toutes les choses dont vous aurez besoin, suffisant de me mander en gros ce que vous leur aurez escrit en detail.»

420. **ROEDERER** (le c[te] P. L.), député, homme d'État et littérateur.

L. aut. sig. à Grétry; 23 février 1791, 1 p. 1/2 in-4, Cachet.

Gracieux éloge du talent de Grétry, auquel il exprime le regret de ne pouvoir procurer une place à son frère.

421. **ROLAND** (Jeanne Philippon, femme), épouse du ministre de ce nom, décapitée en 1793.

L. aut. sig. *D. L. P.*; Lyon, 16 janvier 1788, 4 p. pl. in-4.

Charmante épître, pleine d'esprit, écrite au nom de son mari, qui lit quelque chose aujourd'hui à la société d'agriculture, et rend visite à l'intendant de Lyon, arrivé d'hier soir. Elle ne fait ni ne lit des romans, et, après avoir pleuré avec Richardson et J. Jacques, elle n'a plus de larmes à donner à mille autres. Il serait d'ailleurs ridicule de s'amuser d'historiette, à 30 ans, à elle qui a extrait Burlamaqui et Montesquieu à 18. Détails sur ses occupations; nouvelles de la société lyonnaise.

422. **RONSARD** (Pierre de), célèbre poëte français du XVIe siècle, né dans le Vendômois.

L. sig., avec la souscription aut., à son oncle; décembre 1567, 1 p. in-4. *Très-rare.*

423. **ROUSSEAU** (J. J.), notre illustre écrivain.

Aimons, buvons, duo par M. de La Garde, musique et paroles aut., sig. *J. J. R.*, 2 p. in-fol. Belle pièce.

424. **RUINART** (Dom Thierry), laborieux bénédictin, collaborateur de Mabillon.

L. aut. sig. à Dom Laparre; 24 déc. 1699, 3 p. in-8. La première moitié de cette lettre est écrite par Mabillon et sig. de ses initiales.

Nouvelles littéraires; rivalités entre les Bénédictins et les Jésuites.

425. **SADE** (le mis de), littérateur qui s'est acquis par ses ouvrages une triste célébrité.

L. aut. sig. à M. de Laporte, de la Comédie-Française; 1 p. in-12.

Prière de presser la lecture d'une tragédie dont il est l'auteur.

426. **LE MÊME.**

Billet aut. à un médecin, auquel il demande des remèdes pour ses maux d'yeux; 1 p. in-8, en travers.

427. **SAINT-ANDRÉ** (Jacques d'*Albon* de), maréchal de France, tué à la bataille de Dreux, en 1562.

L., terminée par 6 lig. aut. sig., au cte de Rhingrave; Saint-Quentin, 9 avril 1554, 2 p. in-fol. Un peu piquée d'humidité.

Toute relative à l'approvisionnement des troupes qui sont venues secourir Saint-Quentin.

428. **SAINT-PRIEST** (le cte Alexis de), historien, de l'Acad. franç.

L. aut. sig.; Paris, 19 déc. 1847, 6 p. in-4.

Il sollicite l'intercession de la reine des Français auprès du roi de Naples, pour obtenir que le cautionnement déposé par la compagnie française des chemins de fer napolitains, formée en octobre 1845, soit rendu à cette compagnie, dont les actionnaires n'ont pu effectuer tous leurs versements.

429. **SAINT-SIMON** (personnages du siècle de Louis XIV, mentionnés, la plupart, dans les Mémoires de).

Français. 24 L. aut. sig.:

Albret (le duc d'), 1712, 1 p. 1/2 in-4. — Antin (le duc d'), 1 p. 1/2 in-4. — Aubeterre (le cte d'), Milan 1743, 2 p. in-fol. — Aubeterre (Jonsac), 1716, 3 p. in-4. — Barbanson (le prince de), 1 p. in-4. — Bouillon (le duc de), 1713, 2 p. in-4. — Charost (le duc de), L. aut. 1 p. in-4. — Chauvelin, 1729, 1 p. in-4, Cachet. — Daguesseau père, 1696, 1 p. in-4. Grammont (le duc de), 1712, 2 p. in-4. — Harlay, 1686, 1 p. in-4. — Tresme (le duc de), 1713, 1 p. 1/2 in-4, cachet.

Étrangers. 9 lettres:

Auersperg (le cte d'), L. aut sig. 1697, 2 p. in-4. — Colmenero. L. sig., 1706, 7 p. in-fol. — Medina-Coeli (le duc de), L. sig., avec une p. aut., au prince de Vaudemont; Naples 1701, 4 p. 1/2 in-fol. — Monaco (le prince de), 1 p. in-4. — La reynie, 1683, 1 p. in-8. — Léon (le prince et la princesse de), 1724, 3 p. in-4, — Luxembourg (le chevalier de), 1702, 6 p. in-4. — Nointel (de), 1714, 1 p. in-4. — Noirmoutier (le duc de), 1713, 1 p. in-4. — Pomponne, 1710, 1/2 p. in-4. — Roquelaure (le m^al duc de), 1713, 2 p. in-4. — Torigny (de), 1698, L. sig., 1722, 2 p. 1/2 in-fol. —Nassau (Fr. p^ce de), L. sig., 1697, 2 p. in-fol. — Perth (le duc de), L. aut. sig., 1708, 2 p. in-4. — Portland, L. aut. sig., 2 p. 1/2 in-4. — Rivas (le m^is de), L. sig., 1704, 1 p. in-fol. — Waldec (Fréd., p^ce de), L. aut. sig.; 1694, 3 p. in-4.

430. **SAINTE MARTHE** (Scévole III de), historiographe de France, savant généalogiste.

L. aut. sig. *Sc. et L. de Sainte-Marthe*, à d'Hozier; Paris, 3 septembre 1630, 1 p. pl. in-fol.

Relative aux généalogies d'Anne de Bourbon et de Bourdelot, et à des recherches qu'il a à faire dans les registres des comtes de Lyon.

430 *bis*. **SAINTE-MARTHE** (Denis de), général des bénédictins, éditeur des *Œuvres de Saint-Grégoire-le-Grand*.

L. aut. sig. à Dom de Vic; 1 p. 1/4 in-4.

431. **SAINTE-PALAYE** (Lacurne de), savant philologue, de l'Acad. des inscriptions.

L. aut. à Grosley; 17 juin 1761, 2 p. in-4, cachet.

Epître charmante, toute relative à la réception de Grosley à l'acad. des inscriptions, et à la lutte à laquelle son admission a donné lieu.

432. **SALICETI** (Christophe), conventionnel, et ministre de la police sous Murat.

4 L. ou billet aut. sig., 3 p. in-4 ou in-8.

433 **SANSON** (Ch. Henri), exécuteur des hautes œuvres sous le règne de la Terreur.

L. aut. sig. à (Mathon de la Varenne); ce 2 février 1790, 1 p. in-4.

Relative à la publication de ses *deux mémoires contre Gorsas*, que celui-ci fait enlever de chez tous les marchands.

434. **SANSON** fils, exécuteur des hautes œuvres jusqu'en 1847.

Certificat aut. sig., par lequel il déclare fort ressemblant un portrait de son père; 1/2 p. in-8 en travers.

435. **SANTEUIL** (Jean de), poëte latin.

L. aut. à M. Charpentier; 2 p. in-8.

Assez plaisante épître, où il cherche à consoler Charpentier de remarques peu bienveillantes faites par Benserade sur un de ses ouvrages.

436. **LE MÊME.**

L. aut., 1 p. pl. in-4.

Lettre adressée à une poëte qui lui envoie une épigramme pour l'examiner. Santeuil, de son côté, soumet à son correspondant une inscription latine, tournée de trois manières différentes, pour être placée sur une fontaine.

437. **SAVANTS ET ÉRUDITS.** Seize lettres ou billets aut. sig.

Émeric-David, Geoffroy-Saint-Hilaire, Humboldt (G), Klaproth, Langlès, etc.

438. **SCHILLER** (J. F. Chr.), l'un des plus beaux génies de l'Allemagne.

L. aut. sig. en allemand; Weimar, 17 février 1802, 2 p. in-4.

439. **SERVIEN** (Abel), célèbre négociateur, sur-intendant des finances, né à Grenoble.

L. aut. sig.; Munster, 17 septembre 1647, 1 p. in-fol.

Belle pièce, relative aux prétentions de la Suède dans les négociations de Munster pour la paix.

440. **SINNER** (J. Rodolphe), philologue, savant bibliothécaire de Berne.

L. aut. sig.; Berne, 3 juin 1764, 2 p. in-4. Cachet.

441. **SOISSONS** (Charles de BOURBON, c^te^ de), l'un des meilleurs généraux de Henri III et de Henri IV, défenseur de Tours contre les ligueurs.

L. aut. sig. à son cousin ...; Tours, 15 avril 1590, 1 p. in fol.

442. **SORBIÈRE** (Samuel), historiographe de France.

L. aut. sig. à Samuel Petit, son oncle; La Haye, 4 mai 1649, 3 p. in-4.

Epître fort intéressante, toute remplie de nouvelles politiques et littéraires.

443. **SPANHEIM** (Fréderic), théologien et historien protestant, dont on a plusieurs ouvrages contre les anabaptistes.

L. aut. sig., en latin, à Sam. Petit; Genève 1641, 1 p. in-4. Cachet.

444. **STAËL** (la baronne de), notre meilleure prosatrice.

L. aut. sig. à De Gerando; Weimar, 1 p. in-8. Jolie lettre. Plus une lettre aut. sig. de son fils, 1 p. in-8.

445. **SUARÈS** (Joseph-Marie), savant antiquaire avignonais, évêque de Vaison, camérier d'Urbain VII, bibliothécaire du Vatican.

L. aut. sig. au rév. Père ...; Avignon, 2 janv. 1653, 2 p. 1/4 in-4.

Envoi d'une bulle de Pons, abbé de Montmajour.

446. **SUFFREN** (Jean), confesseur de Louis XIII, auteur de l'*Année chrétienne.*

L. aut. sig.; 1625, 1 p. pl. in-fol., Cachet. Jolie lettre.

447. **TALBOT** (Jean), célèbre guerrier anglais, maréchal de France.

Pièce sig. *Waterford*, 1443, in-4 en travers. Belle pièce.

448. **TALLIEN** (Thérèse *Cabarrus*, femme), princesse de Chimay, fameuse par le rôle qu'elle joua après le 9 thermidor.

L. aut. sig. *Therésia Cabarrus Tallien*, au citoyen Chaumont; 2 p. pl. in-8.

Petite lettre pleine d'esprit et d'amabilité. « Je ne sais en vérité pourquoi j'ai de l'amitié pour vous que je n'ai jamais vu, mais puisqu'elle existe, je veux, citoyen, que vous en fassiez cas et que vous m'en teniez compte, car je ne la prodigue pas. »

449. **LA MÊME.**

L. aut. sig. *Princesse de Chimay*, à Dagotty; 18 janvier 1820, 1 p. in-8.

450. **LA MÊME.**

L. aut. à Pougens; Bruxelles, 18 juin 1824; 2 p. 1/2 in-4. Cachet.

Lettre fort curieuse, relative à la publication récente des *Mémoires de Senart*, par Dumesnil, livre dans lequel elle est très-maltraitée.

ainsi que Tallien. L'auteur et l'éditeur, ces deux *reptiles*, «n'ont point craint l'infamie d'attaquer dans sa tombe celui qui sauva la France au 9 Thermidor et une femme mère de famille qui ne peut se défendre.... Ah! mon ami, comment supporter une existence si empoisonnée?... Hélas! je suis dans le désert, je n'entends depuis longtemps que les hurlemens des animaux féroces.... Mon cœur est déchiré. Qu'ai-je fait à ce Sénart? à ce Dumesnil? Pardonnez cette longue lamentation.... Vous êtes mon ami.»

451. LA MÊME.

L. aut. sig. au même; Bruxelles, 3 janvier 1825, 2 p. in-8.

Elle lui envoie un article sur son mari, le prince de Chimay, en le priant de le faire agréer aux rédacteurs de la *Biographie des contemporains*. «Comptant sur l'ancienne amitié de MM. Arnault et Norvins, qui venaient beaucoup chez moi autrefois, et sur l'indulgence de tous les rédacteurs, j'aurais cru leur faire injure en les priant de me ménager, si toutefois ils ne voulaient point me venger en chevaliers français des indignes calomnies dont je suis la victime dans les autres biographies. Ils ne l'ont point fait. Qu'ils soient du moins plus justes envers mon mari, qui ne peut avoir d'autres tort à leurs yeux que de m'avoir épousée.»

452. LA MÊME.

L. aut. sig. au même; Bruxelles, 16 novembre 1826, 3 p. pl. in-4. Cachet.

Lettre historique. — Elle se félicite de la manière dont Lacretelle a parlé d'elle dans son 11e vol. de l'*Hist. de France*. Il a, toutefois, oublié des faits importants qui lui sont personnels : c'est elle qui, dans le banquet anniversaire du 9 thermidor (an 3), où étaient réunis les députés exagérés de tous les partis, fit succéder la concorde aux menaces, en portant avec sangfroid ce toast : «A l'oubli des erreurs, au pardon des injures, à la réconciliation des tous les Français!» Elle fit effacer dans la rue Saint-Georges, où elle demeurait, «l'inscription absurde et sanguinaire : *L'égalité, la fraternité, la république ou la mort.*» C'est à elle aussi qu'on doit la fermeture du club des Jacobins, expédition dans laquelle elle se fit accompagner par Fréron et Merlin de Thionville. Puis vient un trait d'humanité de Tallien, au 18 fructidor, envers plusieurs de ses collègues condamnés à la déportation.

453. LA MÊME.

L. aut. sig. au même; Chimay, 30 décembre 1831, 1 p. 1/2 in-8.

Remerciments de son poëme de *Térésa*, qu'il a composé en son honneur, tandis que d'autres ne cherchent qu'à la flétrir. Ce nom de Térésa..., consacré, béni et honoré par vous, qu'aurait-il désormais à redouter? Mais saura-t-on, par *une note*, que c'est *Térésa* Chimay que vous avez ainsi recommandée à la postérité? Vous voyez, mon cher ami, que je tiens à mes titres de noblesse.»

454. TALMA, le tragédien le plus populaire qu'ait eu la France.

L. aut. sig. à Mme Pougens; *s. d.*, 1 p. in-4.

Charmante épître. Il n'est «pas assez conversant with the english tongue» pour lui répondre dans cette langue, et il regrette beaucoup de ne pouvoir jouir de sa société. «Vous savez comme on vit dans cette maudite ville de Paris. On est entraîné par les affaires et le torrent du monde, on voit ceux qui vous sont indifférents, et l'on néglige souvent ceux que l'on aime.»

455. LE MÊME.

L. aut. sig. à (Pougens); *s. d.*, 3/4 de p. in-4.

456. TOUSSAINT-LOUVERTURE, général en chef de l'armée de Saint-Domingue.

L. sig. au Gal Laveaux; 2 p. 1/2 in-fol.

Il félicite Lavaux de l'enlèvement du Borgne et du Port Margot; lui, Toussaint, se rend à la Marmelade, où les Espagnols se montrent en force avec les transfuges français.

457. TRESSAN (le c[te] de), littérateur, de l'Acad. fr.

L. aut. à Cassini de Tury; 3 p. 1/2 in-4. Cachet. Très-jolie lettre.

458. UHLAND (J. L.), célèbre poëte allemand.

Billet de 8 lignes aut. sig., 1 p. in 8.

459. VALLOT (Ant.), médecin de Louis XIV, administrateur du Jardin-des-Plantes.

L. aut. sig.; 16 février 1671, 1 p. in-fol.

Relative à la maladie de l'archevêque de Lyon.

460. VALMORE (Madame Desbordes), poëte.

1° *Tout est là-bas*, pièce de vers aut., 1 p. 1/2 in-fol.

2° *La mère qui pleure*, pièce de vers sig., avec corrections aut., 2 p. in-fol.

461. VENDOME (Charles de), cardinal, archevêque de Rouen, chancelier de France.

L. aut. sig.; Tours, 8 avril 1590, 1 p. pl. in-fol.

Lettre curieuse pour l'histoire de la Ligue. — Henri IV lui a commandé de lui amener son conseil. Nouvelles du siége de Melun. Entrevue du maréchal de Biron avec le légat. «Au partir de là ledict légat, à ce que le Roy m'escrit, se monstre plus passionné pour l'Espagnol qu'auparavant, animant avec Madame de Montpensier les mutins qui ne furent jamais si meschans dans Paris, mais Sa Majesté espère en avoir dans peu raison.» Il est arrivé un bref favorable du pape; c'est sans doute celui que M. de Luxembourg annonçait être envoyé aux princes et à la noblesse. Nouvelles des frontières.

462. VENDOME (L. Jos. duc de), maréchal de France.

1° L. aut. sig. au Mis des Alleurs; au camp de Calaf, 29 novembre 1711, 1 p. pl. in-4.

Chaude recommandation en faveur du Ch^er de Bellerive.

2° Certificat et passeport sig., délivrés au Ch^r de Bellerive; 1711, 2 p. in-fol., Cachets.

463. VENDOME (Philippe, duc de), grand prieur de France.

L. aut. sig. au duc de Vendôme; du camp de L'isola de Lascala, 20 juillet 1704, 2 p. 1/4 in-fol.

Belle et spirituelle lettre, toute relative à la campagne d'Italie. Il rend compte de la prise ou du siége de plusieurs places. S'il eût envoyé tous les renforts qu'on lui demandait, il eût été obligé de lever le blocus de la Mirandole. «Prenez Ivrée, joignez-vous à M. de La Feuillade; après cela, envoyez moy un corps de trouppes, et je vous repons que je feray bien chanter les Vénitiens.....»

464. VOLTAIRE (secrétaires de). Trois lettres aut. sig.

Bigex, L. aut. sig. à la ve Duchesne; Ferney, 10 avril 1769, 2 p. in-4.

Relative à un carton mis à un ouvrage où Voltaire était maltraité.

Colini, L. aut. sig. à Schœpflin; Lyon, 27 novembre 1754, 3 p. in-4.

Il se plaint amèrement de Voltaire, qu'il vient de quitter pendant un voyage à Lyon, après trois ans d'attachement, et d'un service pénible. Voltaire ne voulait pas lui payer ses appointements de novembre, parce que le mois n'était pas fini; c'est à grand'peine qu'il lui a donné 20 livres à différentes reprises. «La dureté dont on est continuellement traité, et la perte entière de la liberté, m'avait déterminé à me séparer à Colmar de cet étrange philosophe. Ses extravagances m'avaient forcé à cette démarche...»

Wagnière, L. aut. sig. au libraire Duchesne; Les Délices, 21 mai 1764, 1 p. 1/2 in-4, cachet.

Écrite au nom de de Voltaire, malade, à l'occasion de ses ouvrages, particulièrement des *Remarques sur Corneille*, que publie cet éditeur.

465. VOYAGES en France de différents princes français ou étrangers, de 1809 à 1828.

Angoulême (la duchesse de), à Vichy, Moulins, Poitiers et Besançon, de 1814 à 1828, 10 L. — Bavière (le roi et la reine de), dans le département de la Marne et à Paris, 1809, 3 L. — Berry (la duchesse de), à Liesse, à Vichy et au Mont-doré, 1821, 15 L. — Espagne (la reine d'), de Dresde à Saint-Jean de Luz, 1819, 2 L. — Glocester (le duc de), à Calais, à Bordeaux, à Toulouse, etc., 1818, 5 L. — Artois (le c^te d') et Berry (le duc de), à Strasbourg, 1814, 6 L. — Nicolas (le grand-duc), de Calais à Lille, 1817, 3 L. — Orléans (le duc et la duchesse d'), à Calais, Amiens, Auxerre, Dijon et Paris, 1817 et 1825, 13 L. — Saxe (le roi de), dans le Haut et le Bas-Rhin, 1809, 6 L. — Saxe (le prince Frédéric-Auguste de), de Strasbourg à Paris, 1825, 8 L. — Schwarzenberg (le prince Charles de), de Strasbourg à Paris, 1809, 5 L. — Wurtemberg (le roi et la reine de), de Strasbourg à Paris, 1809 et 1825, 12 L.

Ces dossiers, la plupart intéressants, se composent de lettres signées des généraux commandant les divisions, et de dépêches télégraphiques. Ils seront divisés.

466. **WALPOLE** (Horace), célèbre littérateur, historien et homme d'État anglais.

L. sig. avec la souscription de 3 lignes aut., à M. Hérault; Paris, 22 janvier 1728, 2 p. in-fol.

467. **WALTER SCOTT**, illustre romancier anglais.

L. aut. sig., en anglais; 1830, 1 p. in-8.

468. **WASHINGTON** (Georges), fondateur de la République des États-Unis.

L. aut. sig., en anglais, au colonel Humphrey; Mont-Vernon, 20 janvier 1786, 1 p. pl. in-4, enveloppe et cachet.

469. **WELLINGTON** (le duc de), généralissime des troupes anglaises.

L. aut. sig., en français, au maréchal, duc de Feltre; Paris, 4 juin 1817, 1 p. pl. in-4.

Il demande une permission pour le général *Navarra Sangrand*, qui désire se rendre à Paris pour affaires de famille.

470. **WILKINS** (David), orientaliste anglais.

L. aut. sig.; au palais de Lambeth, 2 avril 1722, 1 p. in-8. Jolie lettre.

471. **WOLF** (Christian), philosophe et mathématicien allemand.

L. aut. sig., en latin; 26 avril 1752, 1 p. in-4.

472. **WOLF** (Fréd.-Aug.), célèbre philologue allemand.

L. aut. sig., en allemand; 1819, 2 p. in-4.

---

473. **ACADÉMIE DES SCIENCES ET DES INSCRIPTIONS.** Sept lettres aut. sig.

Ampère (A.). A M. Mutel; Paris 1829, 3 p. 1/2 in-4. — Chaptal (le c^te). 1 p. in-4. — Fourcroy, an X, 1 p. in-4, tête impr. — Jussieu (de). Paris an X, 1 p. in-4. — Lacépède (le c^te de). 1820, 1 p. in-4, Cachet. — Molleyault. 1818, 2 p. in-4. — Poisson. 1 p. in-8, etc.

474. **ALBE** (Ferd. de Tolède, duc d'), l'un des plus grands capitaines de l'Espagne.

L. sig., en espagnol, à Don Bernard de Mendoza; Palerme, 30 décembre 1588, 1 p. in-fol., cachet.

475. **ALFIERI** (Victor), illustre poëte italien.

L. aut. sig., en italien, à la signora Eugenia Bellini, 1/2 p. in-8.

Cette épître, écrite au verso de la 1re feuille, est une réponse à Eug.

Bellini, dont la lettre, a. s., est au recto. Elle est relative à une lecture de *Saül*. Sur la 3e page est un certificat a. s. de *Boieldieu*, de 6 lig.

476. **ANGOULÊME** (L. A. duc d'), Dauphin, fils de Charles X.

L. aut. sig. à Barbé Marbois; Toulouse 12 décembre 1815. 1 p. in-4.

Relative à l'organisation des tribunaux de Foix, Carcassonne et Pamiers. Cette dernière ville, qui est *excellente*, et dont la population est plus nombreuse que celle de Foix, doit être le siége du tribunal civil. Il reconnait le *danger* qu'il y a « d'admettre dans les cours les gens d'affaires de personages marquants. »

477. **ANGOULÊME** (la duchesse d'), fille de Louis XVI.

Procès-verbal de la pose de la première pierre de l'établissement thermal de Bagnères, sig. de la princesse et des autorités civiles et militaires; 8 juillet 1823, 1 p. in-fol.

478. **AUMALE** (Henri d'Orléans, duc d'), fils de Louis-Philippe, gouverneur de l'Algérie.

Discours français, devoir aut., sig. en tête; 5 p. 1/2 in-4.

Traduction de la préface de la 2e partie de *Don Quichotte*.

479. **AVAUX** (Claude de Mesmes, comte d'), habile diplomate.

L. aut. sig. au cte de Brienne; Munster, 17 septembre 1686, 1 p. pl. in-fol., Cachets et soies.

Relative à quelques contestations qu'il a avec le duc de Longueville, son collègue pour les négociations de la paix.

480. **BALUZE** (Et.), savant historien et généalogiste.

L. aut. sig.; Tours, 7 février 1711, 2 p. pl. in-4.

481. **BARÈRE** (Bertrand), conventionnel fameux par ses rapports, auxquels on donna le nom de *Carmagnoles*.

L. aut. sig. *Barère de Roquefeuille*, à M. Crozade; Bruxelles, 29 août 1830, 3 p. in-4.

Il va rentrer en France, et le prie de lui chercher un logement à Paris, où il ne connait plus personne. Éloge pompeux de la révolution de Juillet.

482. **BARNAVE**, illustre constituant, décapité en 1793.

Mémoire sur le véritable caractère de la Révolution française, manuscrit aut., 6 p. in-8.

483. **BEAUHARNAIS** (Alex.), général en chef des armées de la République, décapité en 1793.

L. aut. sig. au ministre de la guerre; Strasbourg, 14 octobre 1792, 3/4 de p. in-fol.

484. **BERNADOTTE** (Ch. J.), roi de Suède.

1° L. sig. au gal Kleber; Angers an IV, 1 p. in-fol. Jolie lettre d'amitié. — 2° Apostille de 11 lignes aut. sig. — 3° Pièce sig. *Carlo Johan*, en allemand; 25 août 1831, 1 p. in-fol.

485. **BERRI** (Ch.-Ferdinand, duc de), fils de France.

L. aut. sig. à la comtesse de Sainte-Marguerite, 1 p. in-4.

486. **BERRI** (Marie-Caroline, duchesse de), épouse du précédent.

L. aut. sig. à Mme Haussler; 3/4 de p. in-8, Cachet.

487. **BERTON** (le général J. B.), condamné à mort pour l'affaire de Saumur, en 1822.

L. aut. sig. au ministre de la guerre; Paris, 29 novembre 1820, 2 p. in-fol.

Il se plaint amèrement d'être mis en disponibilité. Il est victime d'une persécution sourde. Déjà, en 1815, il a été retenu cinq mois très-arbitrairement en prison, et, en juin dernier, on a lancé contre lui un mandat d'arrêt, sur la fausse accusation qu'il aurait fait partie d'un rassemblement séditieux.

488. **BERTRAND** (le c^te^), grand maréchal du Palais.

L. aut. sig. à M. E. Roulland; 1834, 1 p. pl. in-8.

Remerciment de l'envoi de sa brochure sur la Colonne-Napoléon.

489. **BOISROBERT** (F. Métel de), poëte, de l'Acad. fr.

L. aut. sig. à d'Hozier; Rome, 15 février, 3 p. pl. in-4.

Cette pièce est divisée en deux parties, toutes deux signées. La première partie, comprenant la première page, est la lettre proprement adressée à d'Hozier, dans laquelle il l'entretient de Vaugelas, et le prie de remettre à Mlle d'Hautefort, sa maîtresse, la copie d'une lettre qu'il lui envoie pour elle. Les deux autres pages sont remplies par cette dernière lettre, qui est fort curieuse. Il se retire du monde, et annonce à Mlle d'Hautefort qu'il cesse de faire partie de ses adorateurs. « Vous apprendrez sans doute le vœu solennel que j'ay fait de n'admirer et de ne servir plus qu'une beauté, qui est la source de toutes les autres. Ce n'est pas à vous seule, Mlle, que je fais cette protestation, je la fais à vos belles compagnes, et aux autres beautez, pour la considération desquelles je confesse que j'aimai trop le monde autrefois. Contez leur s'il vous plaît ma dern. métamorphose, et préparez vous comme elles à me voir à mon retour en tout et partout changé.... »

490. **BOUGAINVILLE** (L. A. c^te^ de), chef d'escadre, voyageur, de l'Acad. des sciences.

L. aut. sig.; Paris, 31 mai 1771, 2 p. in-4.

Demande de fonds pour le paiement des matelots qui ont pris part au voyage autour du monde.

491. **BOUILLÉ** (Cl. Amour, m^is^ de), général en chef, célèbre par son dévouement à Louis XVI, auteur de *Mémoires*.

L. aut. sig.; Metz, 24 août, 1 p. 1/2 in-4.

492. **BONAPARTE**, premier consul.

L. sig. à Talleyrand; Saint-Cloud, 21 fructidor an X, 1 p. in-4. Vignette de Roger.

Il lui mande qu'il vient d'accorder à Louis-Marie-Anne *Talleyrand* et à Louise-Fidèle-Sainte-Eugénie *Montigny*, son épouse, nonobstant leur inscription sur la liste des émigrés, la liquidation de ce qu'ils avaient sur le Grand-Livre, et de ce qui leur était dû par d'Orléans. Il désire qu'ils sachent que ce n'est qu'à sa recommandation qu'il s'est départi de la règle ordinaire en leur faveur.

493. **BONAPARTE** (J^h^), roi d'Espagne.

L. aut. sig. au ministre Ramel; Paris, 15 fructidor an VI, 1 p. in-4.

494. **BOURMONT** (le v^te^ de), maréchal de France.

L. aut. sig. au v^te^ Math. de Montmorency; Paris, 4 octobre 1819, 3 p. in-4.

Pressante recommandation en faveur d'un nommé *Jerry*, royaliste qui a fait la guerre depuis 1793 jusqu'en 1815, et qui sollicite une pension de la duchesse d'Angoulême.

495. **BRÉZÉ** (Arm. de Maillé, duc de), amiral de France.

L. sig. à M. de Montigny; Paris, 23 mars 1645, 1 p. in-4, Cachets. Jolie lettre.

496. **BRISSOT** (J. P.), conventionnel et publiciste, décapité en 1793.

1° Fragment aut., 25 p. in-4.

2° Convention sig., 1790, 1 p. 1/2 in-4. Cachet.

497. **BRISSOT** (veuve), épouse du précédent.

1° L. aut. sig. au ministre; 17 floréal an III, 1 p. 1/2 in-4.

Elle sollicite la place de directrice de l'hospice de la Salpêtrière ou de la Maternité, afin d'être dispensée de demander des secours au gouvernement pour son existence et celle de ses enfants.

2° Deux copies de lettres, aut., de son mari, 5 p. in-4.

3° Certificat aut. sig. de la concierge de la Petite-Force, constatant la mise en liberté de Mme Brissot; Paris, 1er ventôse an II, 1 p. in-4, Cachet.

498. **BUGEAUD**, duc d'Isly, maréchal de France.

1° L. (autographiée) à la reine Marie-Amélie, sig. de douze personnes notables de Périgueux, parmi lesquelles on remarque MM. A. de Négrier, E. de Froid-Fond, Taillefer, de Foucauld, La Roque de Mons, etc., avec la signature de M. de Marcillac, maire, pour légalisation; Périgueux, 3 octobre 1835, 2 p. 1/4 in-fol.

Demande de secours en faveur de l'école des Frères de Périgueux.

2° L. aut. sig. du Mal Bugeaud à la reine; Exideuil, 9 oct. 1835, 1 p. 1/4 in-fol.

Envoi de la pièce précédente. « Les signataires de cette supplique appartiennent au parti carliste, aussi ai-je été surpris qu'ils m'aient pris pour intermédiaire, car je ne suis pas en faveur. Est-ce un symptôme de rapprochement du trône de Louis-Philippe, dont ils me savent l'un des plus zélés défenseurs? J'en accepte l'augure. . . »

499. **CALMET** (Dom. Aug.), savant bénédictin.

L. aut. sig. au Père prieur des Blancs-Manteaux, 1 p. in-4.

500. **CANAYES** (Ph. de Fresnes, sieur de), diplomate, médiateur entre le pape Paul V et les Vénitiens.

L. aut. sig., en latin, à Casaubon; 1597, 1 p. in-fol. Belle lettre.

501. **CARRIER** (J. B.), conventionnel, fameux par sa mission à Nantes.

Réquisition sig.; Nantes, 22 frimaire an II, 1 p. in-fol., Cachet, tête impr.

502. **CATHERINE DE MÉDICIS**, reine de France.

L. aut. sig. à M. Verac, 1/2 p. in-fol.

Elle lui dépêche un homme à elle, le sieur de Montaigu, pour une affaire qu'il lui dira de bouche.

503. **CATINAT** (Nas), maréchal de France.

L. sig. à M. de Feuquière; à Moustiers en Provence, 17 avril 1691, 3 p. in-4.

Belle pièce militaire, relative à la guerre de Piémont.

504. **CHAMPIONNET**, général en chef des armées de la République.

L. aut. sig. au Gal Damas; quartier gal de Rhembnelm, 11 floréal an 4, 2 p. 1/2 in-fol.

Très-belle lettre, remplie d'intéressants détails militaires.

505. **CHARLES VII**, roi de France.

L. sig. sur papier, au duc d'Orléans, son frère; Laubépin, le dernier jour d'aoûst, 1/2 p. in-4, cachet.

506. **CHARLES VIII**, roi de France.

L. sig., sur papier, au chapitre de l'Eglise de Bourges; Montils-les-Tours, 23 juin, 1 p. in-4. Une tache d'eau.

Il le prie de donner la première chanoinie ou prébande qui vaquera, à Jean de La Tremoille, protonotaire du Saint-Siége, en considération des services rendus par le seigneur de La Tremoille, son frère.

507. **CHARLES IX**, roi de France.

L. sig., avec la souscription aut., à son frère le duc d'Anjou; Orléans, 24 nov. 1568, 3/4 de p. in-fol. Pièce doublée.

Ayant à faire tête à un puissant ennemi du côté de la Picardie, et se rendant demain à Melun, il veut que les gentilshommes de sa maison le suivent.

508. **CHARLES X**, roi de France.

L. aut. sig. à son oncle le cte de Lusace; Versailles, 6 janv. 1772, 3/4 de p. in-4.

509. **LE MÊME.**

Apostille aut. sig. de 6 lig., sur une note des états de service, pour la cause royale, de J. M. Pardessus, professeur de droit et député, qui demande la croix de la légion d'honneur.

510. **CHARPENTIER** (F^ois^), littérateur, de l'Acad. fr.

L. aut. sig. à Monseigneur ...; 30 déc. 1667, 3 p. in-4.

Chargé par le ministre de dresser le *Catalogue des prises de villes et des batailles arrivées sous le règne de S. Majesté*, pour les reproduire par la peinture, il lui rend compte du résultat de son travail, dans lequel il s'est fait aider par ses confrères de l'Académie. « J'ai trouvé que le nombre de 53 ou 54 tableaux que vous avez desirés, envelope tout ce qui est de plus remarquable depuis l'avenement de Sa M. à la couronne. Car en 1648 que les troubles de la France commencent jusqu'en 1654, il s'est fait peu de chose hors du royaume, et je n'ay pas creu qu'on dust marquer les succez des armes du Roy dans ses propres estats, pour ne point perpetuer la memoire de nos désordres, et nos Messieurs ont esté du mesme avis. »

511. **CHAUMETTE**, procureur de la commune de Paris, décapité en l'an II.

L. sig. *P. G. Anaxagoras Chaumette*, à la section révolutionnaire des Gravilliers; 9 décembre 1792, 2 p. in-4, tête impr.

Circulaire concernant les mesures de surveillance à prendre par les sections pendant le jugement de Louis XVI.

512. **CHAUVEAU-LAGARDE**, avocat, défenseur de Marie-Antoinette.

L. aut. sig. au duc de Fitz-James; 1821, 1 p. in-4.

513. **CLAUDE DE FRANCE**, fille de Henri II, épouse de Charles II, duc de Lorraine.

L. aut. sig. à son frère le duc d'Anjou; 1571, 2 p. in-fol. Pièce montée.

Elle intercède pour son mari, qui est tombé en disgrace.

514. **CLÉRY** (J. B. Cant. Hanet), dernier valet de chambre de Louis XVI, auteur du *Journal du Temple*.

L. aut. sig.; Edimbourg 1798, 1 p. in-8.

515. **CONDÉ** (L. J^h, de BOURBON, prince de), chef de l'armée de ce nom.

1° L. aut. sig. *L. D. B.*, à Vioménil; 8 septembre 1793, 1 p. in-4. Détails militaires. — 2° Apostille sig., 1816, 1 p. in-fol.

516. **CONSALVI** (le cardinal), premier ministre de Pie VII.

L. aut. sig., en italien; Rome 1806, 1 p. in-4.

517. **CONTRAFATO** (l'abbé), criminel sicilien, condamné aux travaux forcés en 1827.

Fragment aut., en italien, d'un mémoire rédigé pour sa défense, 2 p. in-4. Plus un portrait.

518. **CRÉBILLON** (Prosp.-Joliot de), poëte tragique, de l'Acad. fr.

L. aut. sig. à Mademoiselle ...; ce 2 juin, 1 p. in-8. *Rare.*

519. **CRILLON** (Louis de BALBE de BERTON, chevalier de), illustre capitaine français du XVIe siècle, surnommé par Henri IV *le brave des braves.*

L. aut. sig. au roi Henri IV; ce dernier de février (1600), 1 p. in-4. Pièce d'une conservation parfaite. *Rarissime.*

« Vous saurés lestat de cette province (la Provence) par M. le duc de Guise (sous lequel Crillon commandait) qui est trop bon et trop brave et trop vostre serviteur tres humble, et moy gueres toutes fois par costume jen fes le semblant. Je suis trop vieus pour changer. » Il se plaint de Messieurs de Marseille, qui se sont mefiés de lui, et ont maltraité les gardes du roi (dont il était le colonel). « Mandes s'il vous plet qu'ils soient plus sages et quils croient quil ny a rien pres de vous qui ne sachent obeir a vos commandemens et bien fere. Mes (mais) que nous ayons tue ou detruit le duc de Savoye, je vous rameneral vos troupes qui sont bien pauvres et desirent bien d'approcher de la Majeste du Roy leur mestre que Dieu conserve avec lheur et prosperite que je desire. »

520. **DELISLE** (J[h] N[as]), astronome, mathématicien, de l'Acad. des sciences, fondateur de l'Observatoire de Saint-Pétersbourg.

L. aut. sig. au sénat dirigeant ; (Pétersbourg), 12 septembre 1745, 4 p. in-fol.

Très-intéressante pièce, dans laquelle il pose les conditions auxquelles il consentira à continuer son service à l'Acad. des sciences de Pétersbourg.

521. **DROUET D'ERLON**, maréchal de France.

L. aut. sig. au g[al] Pajol ; Nantes, 30 septembre 1833, 1 p. in-4.

522. **DUCIS**, poëte dramatique, de l'Acad. fr.

1° Changements faits à sa tragédie *d'Œdipe chez Admète* ; manuscrit aut., 6 p. in-4.

2° L. aut., sig. *D.*, aux éditeurs du *Journal des Muses* ; 3 p. 1/4 in-4.

Envoi et explication de la pièce précédente.

523. **DUGOMMIER** (Coquille), général en chef.

L. aut. sig. au général Dugua ; quartier général de Boulou, 12 floréal an II, 3/4 de p. in-4, tête impr. *Rare.*

524. **DUMOURIEZ**, célèbre général en chef des armées de la République, auteur de *Mémoires*.

Copie aut. sig. d'une lettre par lui adressée au commandant de Châtillon ; Nantes, 5 août 1791, 1 p. 1/4 in-fol.

Pièce fort curieuse, où ce commandant est gourmandé pour ne pas avoir rendu les honneurs aux drapeaux de la nation pendant la cérémonie du 14 juillet.

525. **DUSAULX** (Jean), traducteur de Juvénal, conventionnel, de l'Institut.

L. aut. sig. à ses collègues de la Convention ; Paris, de la Force, 25 brumaire an II, 3 p. in-4.

Il se justifie des accusations lancées contre lui, et assure que ni lui ni ses collègues (les Girondins arrêtés) n'eut l'intention d'entraver la marche du gouvernement. « Quant à moi, je le demande à Paris, à la France, à l'Europe, qui pourrait douter de la pureté de mon patriotisme...? C'est moi qui, le premier, ai eu l'honneur de célébrer *l'insurrection parisienne*, en qualité de témoin et d'acteur.... Enfin, Couthon, Marat et Rhul ont pris ma défense le 31 mai et le 2 juin derniers. »

526. **EDGEWORTH DE FIRMONT** (l'abbé), dernier confesseur de Louis XVI, auteur de *Mémoires*.

L. aut. sig. au c[te] de Montjustin ; Mittau, 12 mai 1807, 1 p. 1/2 in-4.

527. **ÉLISABETH**, reine d'Angleterre, fille de Henri VIII et d'Anne Boleyn.

L. sig., avec la souscription aut., au duc de Nevers ; 27 août 1595, 1 p. in-fol., cachet.

Belle et importante lettre politique, en français, d'une écriture serrée et très-lisible. — Peinée des revers éprouvés par Henri IV, elle lui dépêche le sieur Chevalier, qui lui dira de bouche ses intentions. « Il nous pleust fournir un secours de 4000 hommes dans quinze jours (lus estant les douze escoulez en chemin, ayant toutefois fait la diligence possible). Par la peult on juger de l'impossibilité qu'il y avoit (quoy que la raison de nos affaires le nous eust permis), que pensions en si peu de temps fournir si grand nombre de gents, et que les extremitez esquelles on se trouvoit alors, ou surpassent desja tout remede, ou bien seront reassurees par la presence du Roy, qui nous pensons sera devant ceste cy de retour.... »

528. **ÉLISABETH** (Mad.), sœur de Louis XVI.

L. aut. à Mme de Bombelles; 2 mars 1791, 6 p. in-12. Légères taches de rousseur.

Pièce historique, relative à l'affaire du 28 avril, dite affaire des *Chevaliers du poignard*. « Tout est fort tranquile depuis ce moment là, et je crois que c'est fini parce que les mechants ont obtenu ce qu'il voulait, et que nous autres bonnes bete ne voyons pas plus loin que le bout de notre nez, et donnons tete baisse dans tous les pieges que l'on nous tends. Je ne puis vous rendre combien cela me met en colere... Mesdames sont toujours arretés a Arnay-le-Duc, je ne sais pas quant cette plaisanterie la finira. «

529. **LA MÊME.**

L. aut. (à la même); 8 juillet 1792, 1 p. in-8.

Réflexions sur la séance de l'Assemblée legislative du jour précédent, où eurent lieu les baisers de Lamourette. « Il faudrait vraiment toute l'eloquence de Me de Sevigné pour bien rendre tout ce qui s'est passés hier, car c'est bien la chose la plus surprenante, la plus extraordinaire, la plus grande? la plus petite? etc. etc. ... Le mois d'aout s'approche, où toutes les feuilles étant bien developés, l'arbre de la liberté présentera un ombrage plus sur. Notre ville est tranquile, et le sera pour la féderation. Je tremble qu'il y ait quelques ceremonie religieuse. ...»

530. **EUGÈNE DE SAVOIE** (le prince), généralissime des armées de l'empereur d'Allemagne.

L. aut. sig.; Presbourg, 27 décembre 1703, 3 p. pl. in-4.

Lettre remplie de détails militaires.

531. **FÉLIBIEN** (Dom Michel), bénédictin, critique et historien, né à Chartres.

L. aut. sig. à M. Estienne, chanoine à Chartres; de l'abbaye de Saint-Germain, 14 nov. 1715, 3 p. 1/4 in-4, cachet.

Relative à Saint-Turian, sur lequel on lui demande des renseignements.

532. **FLESSELLES** (Jacques de), prévot des marchands, massacré par le peuple le 14 juillet 1789.

Autorisation signée, du 13 juillet 1789, aux districts, de faire fabriquer des hallebardes.

Mandat (Galliot de), commandant général de la garde nationale parisienne, massacré au 10 août.

P. sig.; 3 juillet 1792, 1 p. in-fol., tête impr.

533. **FLEURY** (Claude), historien, de l'Acad. fr.

L. aut. sig. à B. de Montfaucon; Versailles, 31 mars 1692, 1 p. pl. in-4, Cachet.

Demande de renseignements sur une difficulté considérable de l'histoire d'Athanase, concernant le meurtre d'Arsène.

534. **FLORIAN**, poëte et prosateur, de l'Acad. fr.

Le château de cartes, fable aut., avec ratures et corrections, 1 p. 3/4 in-8.

535. **FOLARD** (J. Ch., chevalier de), le *Végèce français*.

L. aut. sig. à M. Lancelot; 1729, 1/2 p. in-4, cachet.

Relative à ses *Commentaires sur Polybe*.

536. **FOUQUIER-TINVILLE**, accusateur public du tribunal révolutionnaire, décapité en l'an III.

1° L. aut. à sa femme, 3/4 de p. in-8.

Il est en prison, et s'attend à être interrogé le soir même. « La remise des notes à Freron et Barras ne m'étonne nullement, puisque Dumesnil est intime de Freron. »

2° Pièce sig.; 7 pluviôse an II, 1/2 p. in-4, cachet et tête impr.

537. **FRANÇOIS DE SALES** (Saint), l'illustre évêque de Genève.

L. aut. sig. à S. Altesse (le duc de Savoie); Paris, 11 juillet 1619, 2 p. pl. in-fol. Belle pièce. Rare.

Il demande la liberté du sieur Collateral Deguoex, « detenu es prisons de Chambery pour la somme d'environ mille ducatons, esquels il a este condamne, par quelques uns des seigneurs senateurs et maistres des comptes a ce deputes specialement. » Il témoigne que le sieur Deguoex est un honnête homme, qui, il y a 4 ans, a rendu, avec son frère, de *laborieux* services dans le pays de Genevois. « Quand les fautes sont sans malices, sans dol, sans mauvaise intention, et de nulle consequence, la clemence des grans princes ni mesme lequite ne permet pas à leur justice d'user d'autre correction que de celle d'une reprehension, et d'un advertissement. »

538. **FRANÇOIS Ier**, roi de France.

L. sig. sur papier, au Vte de Tavannes et aux ambassadeurs du roi à Rome; Annet, 24 avril 1528, 3/4 de p. in-fol. Pièce doublée.

Il vient de les envoyer vers le saint Père. Il les supplie de lui écrire l'accueil que leur a fait le Pape, et les résolutions qu'il a prises après les avoir entendus.

539. **FRÉDÉRIC II**, roi de Prusse.

L. aut. sig. (à Algarotti), 1 p. pl. in-4.

Charmante épître, prose et vers, sur la maladie d'Algarotti.

540. **LE MÊME.**

L. sig. au résident Ammon, à Cologne; Berlin, 28 février 1753, 1/2 p. in-fol.

Il ordonne que l'on châtie un Gazettier qui s'est permis de mal parler de lui.

541. **GÉNÉRAUX.** Six lettres.

Drouot. L. aut. sig.; Paris, 1er mai 1815, 1 p. in-fol. — Kléber. L. sig.; au Caire an VIII, 1 p. in-fol. tête impr. — Santerre. Brevet sig. sur vélin, 1790. — Terreyre. L. aut. sig.; an VI, 3 p. in-4, etc.

542. **GIOBERTI** (Vincent), célèbre philosophe et homme d'État italien.

L. aut. sig., en italien; 1848, 1 p. pl. in-8.

543. **GOUJET** (Cl. P.), chanoine, l'un des bibliographes les plus laborieux du XVIIIe siècle.

L. aut. sig. à Bosc; Paris, 25 janvier 1752, 3 p. petit in-4.

Lettre fort intéressante, toute pleine de nouvelles bibliographiques et littéraires, et de détails sur le remplacement de plusieurs membres de l'Acad. française.

544. **GRÉGOIRE**, évêque, constituant, conventionnel, de l'Institut.

L. aut. sig. au duc de Richelieu; Paris, 8 octobre 1820, 2 p. 1/2 in-4.

On a décacheté indignement à la poste une lettre que lui adressait, de Lausanne, le colonel Laharpe. Il demande l'insertion intégrale dans le *Moniteur* de la réponse qu'il a faite au libelle injurieux de M. Dubouchage, et dont la censure n'a permis la publication dans les journaux qu'après l'avoir mutilée. « L'histoire n'offre peut être pas un système de persécution et de diffamation pareil à celui qui est dirigé contre moi depuis 1814... Mon ame inflexible se roidira toujours contre la fourberie, la calomnie, l'iniquité; je suis comme le granit, on peut me briser, mais on ne me plie pas. »

545. **LE MÊME.**

1° L. sig. à son ancien collègue ...; Paris, 16 octobre (1792), 1 p. in-4.

Très-curieuse épître, où il exprime l'*ivresse* que lui a inspiré le décret de la Convention qui abolit la *royauté* (c'est lui qui avait proposé ce décret).

2° B. aut. sig.; (21 nov. 1790), 1 p. in-8.

546. **LE MÊME.**

Trois lettres aut. sig.; 1792, ans III et IV, 3 p. 1/2 in-4. Curieuses.

547. **GRESSET** (J. B. L.), poëte, auteur de *Vert-Vert*, de l'Acad. fr.

Pièce sig. par lui, sa femme et d'autres membres de sa famille; Amiens, 18 juin 1759, 2 p. in-fol.

548. **GUADET** (M. Elie), célèbre conventionnel Girondin, décapité en 1794.

L. aut. sig.; Paris, 10 juin 1792, 1 p. 1/4 in-4.

549. **GUÉBRIANT** (Budes de), maréchal de France.

L. aut. sig. à son Éminence (Mazarin); Erstein, 29 octobre 1643, 2 p. in-fol.

Il rend compte des opérations de son armée sur le Rhin.

500. **GUISE** (Charles de), plus connu sous le nom de CARDINAL DE LORRAINE, l'un des principaux moteurs des guerres civiles de France.

L. aut. sig. au roi; Rome, 15 décembre 1555, 1 p. in-fol., Cachet. Pièce doublée, en parfait état.

Relative à la ligue proposée à Henri II par Paul IV pour la conquête de Naples.

551. **GUISE** (Louis III de LORRAINE, cardinal de), archevêque de Reims.

Pièce sig., et sig. aussi de 12 autres *prélats ou députés du clergé de France*, au bas d'un arrêté de compte dudit clergé; abbaye de Saint-Germain-des-Prés; Paris, 17 août 1584, 1 p. in-fol.

552. **HARDOUIN DE PÉRÉFIXE**, archevêque de Paris, historien, de l'Acad. fr.

L. aut. sig. aux religieuses de Port-Royal des Champs; Paris, 17 février 1669, 1 p. pl. in-4, Cachets et soies.

Il les félicite de la soumission qu'elles viennent de faire *aux ordres du Saint-Siége*. «... Dans tout ce qui s'est passé entre vous et moy, je ne me suis jamais proposé autre chose que de vous obliger, comme je le devois, à rendre aux constitutions des souverains Pontifs une obéissance aussi entière et aussi véritable que vous me témoignez la rendre présentement.»

553. **HÉBERT** (J. René), journaliste, rédacteur du *Père Duchêne*, décapité en l'an II.

Extrait du registre des délibérations de l'assemblée générale de la section de Bonne-Nouvelle, du 12 *nov.* 1792; pièce aut. sig., 1 p. 3/4 in-fol., Cachet.

Cette pièce curieuse, écrite par Hébert en qualité de secrétaire, et signée deux fois, est le procès-verbal des votes de la section pour l'élection du maire de Paris: le nombre de voix obtenues par chaque candidat y est indiqué.

554. **HENRI III**, roi de France.

L. aut. sig. à M. de Tavanes, avec un post-scriptum de 4 grandes lig. aut. sig. de *Charles IX*; Tonnay-Boutonne, 14 déc. 1569, 3 p. pl. in-fol. Pièce raccommodée dans le fond, mais où tout peut se lire.

Document historique fort curieux, relatif aux négociations de la paix avec les Protestants après la bataille de Moncontour. — Les Réformés exigent leurs prêches; on les leur refuse. «Tout le monde est las de la guerre quil nest possible de (l'être) plus. Si ils ne se contentent de ce que nous voullons il faudra nous accorder a une partie de ce quils veullent. Le Cardinal dict quil la faut mais il seroit bien marry quil fust pris au mot... Le plus fin trompera laultre, mais nous lavons desja tant de foys esté que nous en garderons bien sil est possible, car vous scavez bien que chat eschaudé craynt leau froyde.... Vous dirvarez à les ouir parler quil ont gaigne la bataille et quil nous ont battu et non pas nous heus...» — Voici le post scriptum de Charles IX : «Il nous faut paix ou batre sans languir, mais la paix est la meilleure. Si nous fault batre vous serez advec moy. Nous layssons une armée afaiblie, jay grand peur que le vand la persce.»

555. **LE MÊME.**

L. aut. sig. à M. de Rambouillet, 1 p. in-fol.

556. **HENRI IV**, roi de France.

L. aut. à son cousin M. de Turenne; à Dreux (ou Dury), ce 30e ..., 1 p. pl. in-4.

Détails militaires : le maréchal est malade à Bordeaux, son artillerie est à Gyronde; M. de Choupes, avec 12 *Cuyrasses et synquante harquebusiers*, a tué ou fait prisonniers beaucoup d'ennemis à Pellegrue (Gironde); 40 prisonniers ont été amenés à Henri IV : «Ils estoyent de tous les regymans et avec congé de leurs chefs couroyent le peys par la campagne. Ce sont plustost jans dopytal que dassaut...»

557. **HÉRAULT-SECHELLES**, conventionnel célèbre, décapité avec Danton.

L. aut. à Grégoire; Moutiers en Tarentaise, 26 février 1793, 8 p. pl. in-4. Epître fort plaisante.

558. **HOHENLOHE** (le prince Alexandre de), jésuite, célèbre thaumaturge.

Pièce (imprimée) sig. à la comtesse de Montalembert; Bamberg, 9 mai 1822, 1/2 p. in-4.

559. **HORTENSE BEAUHARNAIS**, reine de Hollande.

L. aut. sig. à Bory Saint-Vincent; Augsbourg, 25 septembre 1819, 3/4 de p. in-8.

Elle recevra avec plaisir l'ouvrage qu'il va publier par livraisons. «Je vous remercie de me procurer la trop faible occasion d'honorer pour ma part le courage trahi par la fortune. Le regret le plus profond de la patrie que j'ai perdue, répond assez de mon vif et juste intérêt pour tous ceux qui, comme vous, la défendraient si bien.»

560. **JOSEPHINE**, impératrice des Français.

L. sig. à M. Raguideau; 18 ventôse an XI, 1/2 p. in-8.

561. **JUNOT**, duc d'Abrantès, général en chef, vainqueur du Portugal.

L. aut. sig. au maréchal duc de ...; Toro, 18 mai 1811, 3 p. in-4.

Lettre curieuse, dans laquelle il se plaint amèrement d'une partie des troupes et des généraux de brigades que le maréchal a mis sous ses ordres, et annonce qu'il a demandé à l'empereur l'autorisation de rentrer en France.

562. **KLEBER** (J. B.), général en chef de l'armée d'Egypte.

L. aut. sig. à M. Heim, à Strasbourg; 3 p. pl. in-4.

563. **LAFAYETTE**, général et député, auteur de *Mémoires*.

L. aut. sig. au vte de Montmorency; Paris, 26 février 1815, 1 p. pl. in-4.

Pressante recommandation, à soumettre à la duchesse D'Angoulême, en faveur des enfants de Carle, commandant de la garde nationale, mort le 10 août 1792 en défendant la famille royale.

564. **LAFONTAINE** (Jean de), notre célèbre fabuliste.

L. aut. au bas de laquelle se trouve un madrigal fait à l'occasion du mariage de Mlle *d'Aumont* avec M. *de Mezière*, 1 p. in-4. Très-jolie pièce.

Ce mariage est en quelque sorte improvisé; il se fait chez Foucquet, au château de Vaux, et La Fontaine n'a que le temps de faire quelques vers pour témoigner le zèle qu'il a pour les deux familles. «J'ay creu que l'epitalame ne devoit pas estre plus premedité que l'hymenée, et qu'il falloit que tout se sentist de la soudaineté avec laquelle Monseigneur le Surintendant entreprend et exécute la pluspart des choses.» Au dos de la pièce est écrit de la main de Pelisson : «Vers de M. de La Fontaine.»

565. **LALLY** (Th.-Arthur, c^te^ de), gouverneur de l'Inde française, décapité en 1766.

L. aut. sig. (au ministre comte de Saint-Florentin); (de la Bastille), 13 décembre 1765, 3 p. pl. in-fol.

Pièce magnifique et document historique d'un grand intérêt, pouvant jeter quelque jour sur l'affaire encore obscure de cet infortuné général. — Il se justifie avec une grande énergie, raconte son arrestation et expose les manœuvres de ses calomniateurs, qui sont aussi ses témoins à charge. On l'a écroué d'abord comme concussionnaire, puis, sa probité étant démontrée, c'est pour crime de haute trahison qu'on le poursuit maintenant. «Il y a trois ans et six semaines révolues que je donne à l'Europe entière le spectacle de l'innocence et de la vertu écrasées par le crime, et par les brigues d'une cabale soutenue et accréditée, dont j'avois ordre de rechercher et de chatier les déprédations dans l'Inde... Je sais qu'il est peu de siècles qui n'ayent fournis dans leur cours un de ces phénomènes, étois-je réservé pour servir dans celuy-cy d'exemple au siècle qui doit le suivre?...» Sur l'accusation que sa correspondance avec les généraux anglais était *suspecte*, il s'écrie: «Moy soupçonné d'intelligence avec les Anglois! Mais les Anglois connaissent mes principes depuis 50 ans, mais le Roy connoit mes sentiments pour les Anglois, je les ai combattu et battu sous ses yeux... Il ne seroit pas question aujourd'huy d'Anglois dans la partie de l'Inde où j'ay été employé, si j'avois été secondé par l'escadre dans une seule de mes opérations....»

566. **LAMBALLE** (la princesse de), victime des journées de septembre 1792.

L. aut. sig. au roi; Paris, février 1773; 1 p. in-fol.

567. **LA MENNAIS** (François de), illustre prosateur et publiciste.

170 L. aut., dont 20 sig. en toutes lettres, la plupart des autres sig. de ses initiales, et un petit nombre non sig., adressées à Mme Z. Clément, datées de Paris, de la Bretagne et de la Bourgogne, du 19 mai 1837 au 11 février 1851, formats in-8, in-12 ou in-18.

Cette correspondance est du plus grand intérêt, non-seulement pour la biographie de La Mennais, mais pour l'histoire des 14 années qu'elle embrasse. Tous les faits politiques et littéraires de ce temps y sont rapportés par lui, et appréciés avec une liberté et une vigueur d'expressions que l'on ne peut rencontrer que dans des épanchements intimes. On y trouve des jugements ou des particularités fort curieuses sur MM. Guizot, Thiers, Cormenin, Lamartine, Chateaubriand, Arago, Eug. Sue, P. Leroux, G. Sand, et surtout sur M. Mauguin, et Béranger, ses amis; mais ce que ces lettres nous révèlent le mieux, c'est la vie intime, les habitudes et le caractère de celui qui les a écrites. Nous nous bornerons à donner quelques extraits sous ce dernier rapport.

«Je vous écrivis hier quelques mots à la hâte en partant pour Musigny, où je passai toute l'après-midi à me promener et à jouer au billard. Vous voyez que je deviens joueur, mais ce ne sera pas pour longtemps. Je me distrais, je me repose pour reprendre des forces et me remettre ensuite avec plus d'ardeur à mon travail» (Au Faîte, 4 sept. 1837). — «Je n'irai pas à la place Royale. Mon nom a fait peur au propriétaire, il ne veut pas me louer. Je vis hier un autre appartement beaucoup mieux situé et dont peut-être m'accommoderai-je malgré les inconvénients qu'il présente. On en demande 1100 f. J'en propose 1050 f. Ce sont des mansardes, mais dans une maison qui a vue sur le boulevard des Italiens. Elle forme l'angle de ce boulevard et de la rue de la Michodière. J'aurais une chambre et un cabinet, une autre chambre pour mon neveu, une autre petite pièce où l'on peut mettre un lit, une grande salle à manger, point de salon, et le tout carrelé. La cuisine est un trou, ainsi que la chambre de la cuisinière. Mon domestique serait obligé de coucher dans la salle à manger, où l'on placeroit un de ces lits de fer qui se reploient pendant le jour. N'étoit le quartier, je ne songerois certainement pas à me loger là, mais le quartier c'est beaucoup, et les loyers sont partout hors de prix.» (Paris, 8 août 1839.) — «Je suis, d'ailleurs, assez tranquille dans mon petit domestique. J'ai près de moi une femme sûre, attentive, économe. Combien d'autres se trouveroient très heureux dans ma position! Ce qu'elle a de plus pénible habituellement, c'est le diner et les heures qui suivent. Ce tête-à-tête avec soi-même est lourd quelquefois. Mais le diner dure dix minutes, et j'abrège la soirée en me couchant de bonne heure» (Paris, 29 mai 1840). « Je consomme si peu de vin, que je n'ai pas souvent à recourir au marchand. Une pièce me dure deux ans et plus. Quant à mon régime, il n'en est guères, je crois, de plus simple, des moules, de la morue, rarement de la viande, qui me répugne, et qui me paroît presque toujours dure. Tout est si cher à Paris qu'il faut être sobre par nécessité. . . . » (Paris, 15 janvier 1843). — « Jamais je n'ai trop chaud chez moi, ni dehors non plus; mais peu m'importe le dehors, ne me promenant quasi point. Où aller en ce triste pays? Partout, selon la saison, de la boue ou de la poussière. De plus on ne peut maintenant faire un pas le soir sans être infecté par la fumée de tabac. On voit jusqu'à des enfants d'onze à douze ans la pipe à la bouche; c'est une chose dégoûtante. . . . » (28 juin 1850).

22 lettres, sur la totalité, sont datées de Sainte-Pélagie, du 5 janvier au 8 décembre 1841. La première commence ainsi : « Me voici depuis hier dans cette maison où ont séjourné avant moi Béranger et tant d'autres. On m'a logé au 6e étage, ce qui me convient fort. Ma chambre a 15 pieds quarrés et six de hauteur. Elle est éclairée par des impostes hauts de 9 à 10 pouces, de sorte que le soleil n'y entre guères, si même il y entre du tout, et pour jouir de la vue qui est étendue, il faut absolument monter sur une chaise. A tout prendre cependant, je ne me trouve pas mal, pouvant faire quelques pas et n'ayant point de bruit, ce qui me permet de dormir. Mes douze mois passeront ici comme ailleurs, et tout est pour le mieux. Il fallait bien qu'après avoir tant répété aux autres qu'ils devoient être prêts à souffrir pour la cause de l'humanité, je souffrisse moi-même quelque peu. Combien d'autres, dans cette maison même, sont cent fois plus à plaindre que moi! »

568. **LE MÊME.**

L. aut. sig. à M. Flatters; La Chenaie, 28 juillet 1835, 1 p. 1/2 in-8.

Relative à la traduction du *Paradis perdu*, ouvrage pour lequel La Mennais est prié de faire une introduction.

569. **LA MONNOYE** (Bernard de), auteur des *Noëls bourguignons*, de l'Acad. fr.

L. aut. sig. à B. de Montfaucon; Paris, 28 novembre 1707, 3 p. 1/2 in-4. Cachet.

Jolie et fort intéressante lettre, relative au plan de la Paléographie de Montfaucon, qui paraît s'être rencontré sur plusieurs points avec M. Bouhier de Savigni, prés. du parlem. de Dijon, lequel traitait concurremment le même sujet. — La seconde partie de cette épître est consacrée à l'examen de fausses inscriptions druidiques, en grec, fabriquées, à Dijon, par Dumay, et particulièrement par Guénebault. « En vérité tant d'ignorances si épouventablement grossières ne sont qu'une preuve trop suffisante de la supposition, et il est surprenant que les Gruters, les Casaubons, les Saumaises, etc. aient été les dupes d'un filou si maladroit. »

570. **LANDOLPHE** (J. F.), intrépide marin français, dont les curieux *Mémoires* ont été publiés en 1823.

Dossier intéressant, relatif *à sa croisière contre les Anglais*, sous le Directoire.

1° Deux L. sig. du c.-amiral Martin, à Landolphe; Rochefort, 6 et 23 floréal an VII, 4 p. in-fol. Instructions pour la mise à la voile de la division du capitaine Landolphe. — 2° Procès-verbal de la vente des marchandises du navire *le Mentor*; (Lima, 30 mess. an VIII), 1 p. in-fol. — 3° Procès-verbal de la reddition aux Anglais de la frégate *la Concorde*; sig. par Landolphe et les officiers de son équipage; à bord du *Belliqueux*, 16 therm. an VIII, 3 p. in-fol. — 4° L. sig. de Landolphe et de ses officiers, au vice-roi du Brésil; Rio-Janeiro, île des Achas, 15 octobre 1800, 2 p. in-fol. Prisonniers dans cette île, ils réclament contre la manière peu humaine et peu digne dont ils sont traités. — 5° L. sig. du ministre *Forfait* à Landolphe, lui annonçant la convocation du conseil de guerre chargé d'examiner sa conduite dans la reddition de *la Concorde*; Paris, 28 therm. an IX, 1 p. 1/4 in-4.

571. **LANNES** (Jean), duc de Montebello, maréchal de France.
L. sig. à Berthier; Auch, 29 frimaire an VIII, 3 p. 1/2 in-4, tête impr.

572. **LAVALETTE**, directeur des postes sous l'empire, sauvé par le dévouement de sa femme.
L. aut., sig. deux fois : LAVALLETTE, *aide-de-camp du général en chef*, et BEAUHARNAIS; Birket, (5 fructidor an VII), 3 p. 1/4 in-8. Pièce passée au vinaigre.
Très-intéressante lettre, adressée à une personne attachée à son service, à laquelle il apprend son départ précipité de l'Egypte avec Bonaparte, et donne des instructions relatives aux objets qu'il ne peut emporter. « Je n'apprends qu'à l'instant que nous quittons l'Egypte pour retourner en France. Le secret qu'on m'a fait au Caire m'a empêché d'insister pour que vous vinssiez avec moi. Maintenant il n'est plus tems. Nous nous embarquons demain à Alexandrie, et quelle que diligence que vous puissiez faire, il serait impossible que vous arrivassiez à tems. »

573. **LAVATER** (J. G.), créateur de la science physiognomonique.
Billet aut. sig., en allemand; 1800, 1 p. in-32. Pièce d'album.

574. **LEBEUF** (Jean), chanoine d'Auxerre, savant historien.
L. aut. sig. à Ed. Martenne; Auxerre, 28 janvier 1527, 3 p. in-4. Déchirure à la marge supérieure de la 1re page.

575. **LEFEBVRE**, duc de Dantzig, maréchal de France.
L. aut. sig. au gal Ernouf; an VII, 2 p. in-4. Cachet.

576. **LEGOUVÉ**, (G. J. B.), poëte dramatique, auteur du *Mérite des femmes*.
L. aut. sig. à M. Renouard; 1 p. 1/2 in-4.
Relative à son livre *Le mérite des femmes*.

577. **LEIBNIZ** (God.-Guil.), illustre philosophe.
Lettre, avec un post-scriptum de 15 lignes aut. sig., (à l'abbé Bignon); Hanovre, 5 juin 1712, 4 p. in-4.
Intéressante épître, pleine de nouvelles bibliographiques et littéraires, et relative à sa *Théodicée*. Le post-scriptum est ainsi conçu : « Je viens de lire un petit livre fait en France, mais imprimé ailleurs, intitulé *Mémoire pour faire une paix perpétuelle en Europe* (c'est l'ouvrage de l'abbé de Saint-Pierre). Quoyq. ce projet ait quelq. rapport à l'utopie de Thomas Morus, on est bien aise de voir les pensées des gens d'esprit et bien intentionnés. J'ai vu dans ma jeunesse un projet approchant publié il y a plus de 60 ans sous le titre de *Nouveau Cyneas*, qui conseilloit la paix aux princes comme Cyneas à Pyrrhus, et proposoit une union pour la maintenir. Feu M. le Landgrave de Hesse-Reinfels renchérit là-dessus pour se divertir et proposa que le tribunal de l'union fût établi à Lucerne en Suisse. »

578. **LENAIN DE TILLEMONT** (Sébastien), historien ecclésiastique.
L. aut. sig. à M. Vaillant; 20 mars 1689, 1 p. in-8.

579. **LÉOPOLD Ier**, empereur d'Allemagne.
L. aut. sig., en allemand; 29 juillet 1696, 3 p. in-fol. Détails militaires.

580. **LEQUIEN** (Michel), savant Dominicain.
L. aut. sig.; Paris, 5 juin 1700, 3 p. in-4.
Belle lettre, toute relative à son édition de *Saint Jean Damascène*.

581. **LERMINIER** (J. L. Eugène), professeur d'histoire et des législations comparées, au Collége de France.
Compositions d'histoire, et particulièrement d'histoire de France, comme élève interne ; manuscrit aut., sig en plusieurs endroits, 1 vol. in-4, d'environ 300 pages, cart.

582. **LESDIGUIÈRES** (F[ois] de Bonne, duc de), connétable de France, grand capitaine du XVIe siècle.

L. aut. sig. au roi; Lyon, 20 octobre 1601, 1 p. in-fol.

Il annonce qu'il est venu à Lyon à la rencontre du Connétable (de Montmorency) pour recevoir ses ordres.

583. **LOBINEAU** (Dom Fr. Guil.), savant Bénédictin, historien de la Bretagne.

L. aut. sig. à M. Simon; Paris 1726, 1 p. in-4. Jolie lettre.

584. **LORRAINE** (Charles IV de), prince de Vaudemont, qui fit à Louis XIV la cession de ses États en 1661.

L. aut. sig.: 31 juillet 1668, 2 p. pl. in-4.

Relative à ses fils, dont l'un espère *estre Roy de Poulogne.*

585. **LOUIS XI**, roi de France.

L. sig. sur papier, 1 p. in-4. Tachée d'humidité, doublée et racommodée.

586. **LE MÊME.**

L. sig., sur papier, à son cousin le roi d'Aragon; Paris, le 4e jour de février, in-fol. en travers, trace de cachet. Très-belle pièce.

Lettres de créance pour le sieur Du-Lude, gouverneur du Dauphiné, et le sieur Du-Fou, sénéchal du Poitou, qu'il envoie auprès du roi d'Aragon en qualité d'ambassadeur.

587. **LOUIS XIV**, roi de France.

Notes aut., 1 p. in-4.

Dans ces notes, au nombre de six, on remarque la suivante: «Un vieux docteur de Sorbonne qui n'a pas signé, faute de savoir, et qui a envoié une procuration au bedeau aussi tost quil la seu qui falloit signer.»

588. **LE MÊME.**

L. sig. à l'archevêque de Reims; au camp de Neufchâteau, 21 juin 1675, 2 p. 1/4 in-fol.

Circulaire pour inviter les évêques à faire chanter dans leurs diocèses un Te Deum en action de grâce de la conquête du Limbourg.

589. **LOUIS XVI**, roi des Français, décapité en 1793.

L. aut. sig. à M. Amelot; Versailles, 8 juin 1777, 1 p. 1/4 in-4. Cachets.

Pièce d'un grand intérêt, relative à l'extinction de la mendicité: «Ce point est très important, n'y aiant rien qui fist plus d'honneur à une administration.» Il s'indigne, de voir encore, nonobstant les mesures qu'il a ordonnées, un si grand nombre de mandiants dans les rues de Paris, surtout dans les églises et aux portes des maisons, et indique la marche qu'il veut qu'on suive à l'avenir. «La création de nouveaux impots me repugne; ou seroit le bienfait pour le peuple s'il y trouvoit une charge nouvelle?... Aux valides le travail, aux invalides les hôpitaux, et les maisons de force à tous ceux qui résistent aux bienfaits de la loy.»

590. **LE MÊME.**

22 pièces signées du secrétaire de la main, de 1784 à 1790, savoir, 8 sur papier et 14 sur vélin, format in-fol.

591. **LOUIS XVI** (Valets de chambre de). 2 lettres aut. sig.

Hue. 1814. 1 p. in-4. — Thierry de Ville-d'Avray. Versailles 1787. 1 p. in-4.

592. **LOUIS-PHILIPPE**, roi des Français.

L. aut., sig. *D.*; 19 novembre 1821, 2 p. 1/2 in-12.

593. **LOUIS**, dit *le Grand Dauphin*, fils unique de Louis XIV.

L. aut. sig. (au duc de Vendôme); Marly, 4 août 1702, 2 p. 1/2 in-8.

Il se réjouit de ce que le roi son fils a joint l'armée, et félicite le duc sur les succès qu'il vient d'obtenir. «Le roy receut hier vostre lettre comme il estoit à table, et aussitost il fit boire tout le monde à la santé du Roy d'Espagne et à la vostre et les beut luy mesme.»

594. **LOUISE DE LORRAINE**, reine de France, femme de Henri III.

L. aut. sig. au *duc de Nevers*; de Chenonceaux, ce 4 avril, 1 p. in-fol. Jolie lettre.

595. **LUCKNER**, maréchal de France.

L. sig. aux administrateurs du département de la Meurthe; Strasbourg, 24 avril 1792, 1 p. 1/2 in-fol.

596. **MAINTENON** (Madame de), épouse de Louis XIV.

L. aut. sig. au comte de Jussac, gouverneur du duc du Maine; (1689), 4 p. in-4.

Elle le conjure de ne point garder le silence sur l'intérieur de la maison du prince. Elle n'ose « toucher à l'endroit de son domestique, » mais elle en écrit à Mad. de Montespan. « Vous ne pouves croire combien ses gentilshommes chassent les honnestes gens de ches luy. »

597. **LA MÊME.**

L. aut., au même, paraphée; (1689), 1 p. in-4.

Recommandation pour que le duc du Maine proportionne à ses ressources les présents qu'il fait.

598. **LA MÊME.**

L. aut. sig. au même; Marly, 18 juin (1689), 3 p. 1/2 in-4, cachet.

Relative à des rivalités existant entre les officiers de la maison du duc de Maine, sur leurs droits de préseance, lesquels viennent d'être réglés par le roi. « Je crois que les plus habiles seront ceux qui feront le moins de bruit et qui n'abuseront pas d'un reste denfance qui empesche le Prince de les tenir tous dans le devoir. »

599. **LA MÊME.**

L. aut., au même, paraphée; 20 juin (1689), 1 p. 3/4 in-4, cachet.

Nouvelles de la Cour, et du duc du Maine, qui est parti pour l'armée.

600. **LA MÊME.**

L. aut., paraphée, au même; Marly, 25 juin (1686), 2 p. 1/3 in-4, cachet.

Nouvelles de la campagne et de la part qu'y prend le duc. Débuts militaires de M. de Caylus, qu'elle désire voir se lancer dans le service. « Il faut quil hazarde quelque chose. Combien y en a til qui font leur fortune nayant rien du tout, et que ne doit point faire un jeune homme poussé et soutenu de tous costes... On na jamais tout a la fois. Je le puis servir mais non pas luy donner de largent dont jay assurement fort peu. »

601. **LA MÊME.**

L. aut., paraphée, au même; Marly, 7 juillet (1686), 3 p. 1/2 in-4.

Détails intéressants sur la campagne actuelle, sur les fêtes de la cour à l'occasion de la présence de la reine d'Angleterre. Nouvelles de M. de Caylus et de Mlle de Blois.

602. **LA MÊME.**

L. aut., paraphée, au même; 22 juillet 1689, 3 p. 1/4 in-4.

Relative aux opérations de la campagne, et particulièrement à celles de la flotte sous les ordres de M. de Tourville. Le roi est en bonne santé; il a diné hier à Marli et a perdu 300 pistoles au jeu avec le chevalier de Lorraine, MM. de Lauzun, de Cavois et Dangeau. Elle est contente de la conduite du duc Du Maine à l'armée. « Dittes je vous prie à vostre general que j'espère qu'il nous le renvoyera parfait et tout formé et fortifié contre les exemples de paresse et de grossiereté quil retrouvera icy (à la cour), car ce sont la les deux esprits qui reignent dans la jeunesse de l'un et lautre sexe. »

603. **LA MÊME.**

L. aut., paraphée, au même; 8 août 1689, 3 p. in-4, cachet.

Elle est ravie de l'ardeur que montre le prince et de l'amour que les troupes ont pour lui. — Nouvelles du siége de Mayence. « Je n'ose entrer dans un plus grand détail sur la guerre, de peur de dire quelque sottise. Le Roy retournera à Marli mercredi. Les tubereuses nous font abandonner Trianon tous les soirs de trop bonne heure, mais la plupart des hommes et des femmes se trouvent mal de lexces du parfum.»

604. **LA MÊME.**

L. aut. sig. au même; 16 août (1886), 1 p. in-4.

Relative à des avances qu'elle a faites pour la meute du prince. Elle prie M. de Jussac de donner mille livres pour ce quartier, «de peur daccumuler une grosse debte qui fascheroit peut estre Mad. de Montespan.»

605. **LA MÊME.**

L. aut., paraphée, au même; 22 août (1686), 1 p. in-4, cachet.

Elle lui exprime le contentement du roi sur les largesses que fait le prince.

606. **LA MÊME.**

L. aut., paraphée, au même; Saint-Cyr, 26 août (1686), 1 p. in-4.

Envoi de la copie d'une lettre qu'elle a reçue de l'armée concernant le duc du Maine, qui se ferait des dettes au jeu et ne les paierait pas. Inquiétudes sur ce qui se passe en Flandres, et sur la maladie du maréchal d'Humières. — A cette lettre est jointe la copie indiquée plus haut.

607. **LA MÊME.**

L. aut., paraphée, au même; 5 septembre (1686), 2 p. 1/2 in-4, cachet.

Elle recommande de montrer la lettre (celle dont il a été question dans la précédente) au prince, si cela peut le porter à payer ce qu'il doit, mais de ne lui en pas parler si elle devait le porter au découragement. Le roi est très-content des admirables lettres qu'il en reçoit. — Détails sur Saint-Cyr; nouvelles de la Cour.

608. **LA MÊME.**

L. aut., paraphée, au même; 13 septembre (1686), 3 p. in-4, cachet.

Relative à Mme et à Mlle de Jussac, et au siège de Mayence: «Tout cecy est long est triste, il faut vouloir ce que Dieu veut et que nostre resignation ne soit pas seulement en paroles.»

609. **LA MÊME.**

L. aut., paraphée, au même; Marly, 20 septembre (1686), 1 p. in-4, cachet.

Relative à la conduite du duc du Maine à l'armée.

610. **LA MÊME.**

L. aut., paraphée, au même; 24 septembre (1686), 1 p. in-4, cachet.

Indisposition du duc du Maine. Nouvelles de la Cour.

611. **LA MÊME.**

L. aut., paraphée, au même; 19 octobre (1686), 1 p. in-4, cachet.

Le comte devant être bientôt de retour, elle l'entretiendra de vive voix de l'affaire dont il l'a chargée. «Je nescris presque plus au prince, nous le verrons sil plaist à Dieu repondre à l'idée que vous nous en avez donné.»

NOTA. A ces 16 lettres de Mme de Maintenon sont jointes des copies et des notes historiques de M. Breton, qui se proposait de publier ce travail. Si un acquéreur se présente pour la totalité des lettres, elles seront vendues en un seul lot.

612. **MARAT** (J. P.), médecin et conventionnel, assassiné en 1793.

Lettre sur les apothicaires et médecins, Fragment aut., 1 p. in-4.

613. **MARCA** (Pierre de), savant prélat et théologien français, né en Béarn.

L. aut. sig. au chancelier; Barcelonne, 6 décembre 1645, 1 p. in-fol., cachet.

Demande de lettres d'annoblissement pour M. d'Asties, Bearnais, en considération des services qu'il a rendus.

614. **MARÉCHAUX DE FRANCE.** Six lettres aut. sig.

Berthier, an III, 1 p. in-4. — Duroc, an XI, 1/2 p. in-4. — Exelmans, 1 p. in-4. — Grouchy, 1 p. in-8. — Lobau. Reçu de 4 lignes aut. sig. — Reille, 1809, 1 p. 1/2 in-fol.

615. **MARÉCHAUX DE FRANCE.** Sept lettres aut. sig.

Bugeaud, 1835, 1 p. in-4. — Castries, 1789, 1 p. 1/2 in-4. — Dode de la Brunerie, 1840, 1 p. in-8. — Harispe, 1842, 3/4 de p. in-4. — Maison, 1830, 1 p. 1/2 in-4. — Valée, 1 p. 1/2 in-8. — Vioménil, 1779, 1 p. in-4.

616. **MARÉCHAUX DE FRANCE.** Huit lettres aut. sig.

Brune. Billet de 5 lignes. — Clarke, 1812, 1 p. in-4. — Jourdan, an VI, 1 p. 1/2 in-4. — Lauriston, 1816, 1 p. 1/2 in-4. — Moncey, an VII, 1 p. in-4. — Mortier, 1809, 1 p. in-4. — Pérignon, an XII, 1 p. in-4. — Serurier, an V, 1 p. 1/4 in-4.

617. **MARÉCHAUX DE FRANCE.** Huit lettres aut. sig.

Berthier, 1806, 1 p. in-4. — Beurnonville, 1804, 4 p. in-4. — Clauzel, 1812, 1 p. in-4. — Gérard, 1833, 1 p. in-4. — Kellermann, 1786, 1 p. in-4. — Macdonald, 1827, 1 p. in-4. — Marmont, 1 p. in-8. — Oudinot, 1825, 1 p. in-4.

618. **MARÉCHAUX DE FRANCE.** Vingt-deux lettres sig.

Augereau; Berthier, 5 lettres; Bessières; Coigny; Davout, 2 lettres; Gouvion Saint-Cyr; Masséna, 2 lettres; Molitor; Ney, 3 lettres; Soult, 3 pièces; Victor, 2 pièces.

619. **MARGUERITE DE NAVARRE**, épouse de Henri IV.

L. aut sig. de son monogramme, au roi Henry III; 1579, 2 p. in-fol.

Relative à la levée de bouchiers faite par Henri IV, alors roi de Navarre, en faveur des protestants. — Elle envoie à Henri III un gentilhomme qui lui dira les efforts qu'elle a faits pour mettre fin à la division qui existe entre son mari et le maréchal de Biron. « Tant dune part que dautre je i voi si peu daparanse que je nen puis rien esperer de bien... »

620. **MARIE-AMÉLIE**, reine des Français.

L. aut., paraphée; Neuilly, 25 décembre 1825, 1 p. in-8.

621. **MARIE-ANTOINETTE**, reine de France, décapitée en 1793.

L. aut. sig. à son oncle le comte de Lusace; 1/2 p. in-12, enveloppe et cachet.

Lettre de condoléance sur la mort de la princesse Christine.

622. **MARIE LECZINSKA**, reine de France.

L. aut. sig. au cardinal Fleury; 10 juillet 1730, 1 p. in-4, cachets et soies.

Elle se porte mieux, ce qui lui permettra de renvoyer bientôt Helvétius. « J'ay très-bien dormi et très-bien soupé hier au soir. Toutes ces incomodités que j'ay sont l'estat du metier. — Dieu soit loué que le Roy se porte bien... »

623. **MARIE-JOSÉPHINE-LOUISE**, épouse de Louis XVIII, roi de France.

L. aut. sig. à son père et à sa mère; Turin, 12 octobre 1768, 3 p. in-4. Jolie lettre.

624. **MARINS.** Trois lettres.

Baudin (Ch.). L. aut. sig. au baron Lhermitte; Toulon 1812, 3 p. in-4. — Truguet. L. sig., 1 p. in-fol. — Villaret-Joyeuse. L. aut. sig.; Versailles 1811, 1 p. 3/4 in-fol.

625. **MAZARIN** (le cardinal), illustre ministre.

L. aut. sig. à Fouquet; Calais, 20 août 1658, 2 p. 1/3 in-4, cachets et soies. Les 2/3 de la première page seulement sont de la main d'un secrétaire.

Pièce intéressante; ordre d'examiner l'affaire du duc de Longueville en Normandie, pour qu'on puisse faire, à cet égard, ce qui conviendra au service et à la dignité du roi; prière d'avancer cent mille écus pour le mois courant; préparatifs de siége, détails sur le chevalier de Maupeou.

626. **MAZZINI** (Joseph), chef de la révolution de Rome en 1848.

Billet aut. sig., en italien; 19 mars 1847, 1/2 p. in-8.

627. **MERCOEUR** (Élisa), poëte nantaise.

1° Deux minutes de lettres aut. sig., dont l'une au comte de..., pour le remercier de lui avoir fait obtenir des secours du ministre de l'instruction publique; 12 janvier 1834, 3 p. petit in-4. — 2° *Paysages*, pièce de vers aut., 1 p. in-fol. — 3° Son profil, tracé plusieurs fois à la plume, de sa main. — 4° Une *Walse*, morceau de musique aut., 1 p. 1/4 in-4.

628. **MÉTASTASE** (Pierre), illustre poëte dramatique italien.

L. aut. sig., en italien; Vienne, 4 octobre 1756, 1 p. pl. in-4, taches de rousseur.

629. **METTERNICH** (le prince de), célèbre homme d'État autrichien.

L. sig. au duc d'Otrante; Vienne, 4 décembre 1817, 3 p. in-4.

Il lui annonce que le gouvernement autrichien ne voit aucun inconvénient à ce qu'il se fixe dans les états de la monarchie, et y achète des terres, pourvu que ce ne soit pas dans le voisinage de Lucien et de Caroline Bonaparte. «Le gouvernement y donnerait difficilement son consentement, et il devrait même par intérêt pour vous s'y refuser, car on ne manquerait pas de prêter des vues politiques à votre désir de vous établir auprès du frère et de la sœur de Napoléon...»

630. **MINISTÈRE DE CHARLES X** (DERNIER). Dix-sept lettres ou pièces, dont neuf aut. sig.

Polignac, Chantelauze, Bourmont, d'Haussez, Guernon-Ranville, Peyronnet, Montbel, Capelle, et Mangin, préf. de police.

631. **MINISTÈRE DE LOUIS-PHILIPPE** (DERNIER). Quinze lettres ou pièces, dont dix aut. sig.

Duchatel, Guizot, Cunin-Gridaine, Dumon, Hébert, Jayr, Montebello, Salvandy, Trezel, et Delessert, préf. de police.

632. **MIRABEAU**, le grand orateur.

L. aut sig. à M. Boucher; 23 novembre 1780, 1/4 de p. in-4. Très-jolie lettre.

633. **MONGE** (J. G.), savant géomètre et ministre.

L. aut. sig. à M. Perregaux; Liége an XIII, 1 p. in-4.

634 **MONTFAUCON** (Bernard de), savant Bénédictin.

L. aut. sig.; Paris, 27 août 1708, 4 p. in-8.
Relative à son ouvrage *Diarium italicum*.

635. **MURAT** (Joachim), roi de Naples.

L. aut. sig.; Paris, 8 thermidor an X, 1 p. in-4.

636. **LE MÊME.**

L. sig., avec 7 lignes aut., au duc d'Otrante; Naples, 11 novembre 1813, 1 p. 1/3 in-4.

Son arrivée a paralisé le mauvais effet produit par le dernier bulletin de l'Empereur sur la Basse-Italie. Il met ses troupes en mouvement pour la couvrir, et faire diversion aux succès des armées autrichiennes qui suivent le vice-roi. Les nouvelles qui arrivent de France sont bien sinistres, et les esprits sont à Rome dans une grande agitation. « Je désire bien vous trouver encore à Bologne; et cependant je voudrais vous savoir près de l'Empereur. C'est bien maintenant qu'il a besoin des conseils de ses amis, c'est bien aujourd'hui qu'il doit éloigner tous les flatteurs. »

637. **MURAT** (Caroline), reine de Naples.

L. aut. sig. à M. Mercey; Florence, 22 février 1835, 3 p. 1/4 in-12. Charmante épître.

638. **NAPOLÉON Ier**, empereur des Français.

Rapport aut. sig. du général Drouot à Napoléon; Paris, 27 mars 1815, 1 p. pl. in-fol.

Cette pièce, qui est une proposition de gratifications en faveur des officiers qui ont suivi l'empereur *depuis Porto Ferrajo*, porte une apostille aut. sig. en entier de Napoléon, ainsi conçue: « Approuvé la dépense de 20,000 à 22,000 fr. pour les gratifications aux officiers. État à payer sur le domaine de l'extraordinaire par M. Peyrusse. » La plupart des sommes allouées sont modifiées de la main de l'empereur.

639. **NAPOLÉON III**, empereur des Français.

L. aut. sig. à M. Bineau; Elysée, 9 janvier 1851. 1 p. in-8.

Relative à la retraite de M. Bineau du ministère.

640. **NAPOLÉON** (famille). Cinq lettres sig.

Beauharnais (Eugène). Munich 1819, 1 p. in-4. — Bonaparte (Louis), an XII, 1 p. in-fol., tête impr. — Borghèse (Camille). 1811, 1 p. in-4. — Fesch (le cardinal). 1809, 1 p. in-fol. — Leclerc (Em^el^). Milan an VI, 1 p. in-fol., avec la belle vignette du g^al^ Berthier.

641. **NOAILLES** (L. Ant. de), archevêque de Paris.

L. aut. sig. à l'abbé Renaudot; Conflans, 1er mai, 1 p. in-8, cachet.

642. **ORLÉANS** (Marguerite de Lorraine-Vaudemont, duchesse d'), seconde femme de Gaston.

L. aut. sig.; Blois, 4 février 1657, 1 p. pl. in-4, cachets.

643. **LA MÊME.**

L. aut. sig. à sa sœur Catherine de Saint-Jean, 1 p. in-4, cachets et soies.

644. **ORLÉANS** (Louise-Adélaïde d'), fille du régent, abbesse de Chelles.

L. aut. sig., 1/2 p. in-4.

645. **ORLÉANS** (L.-B.-Adélaïde de Bourbon-Penthièvre, duchesse d'), femme de Philippe-Égalité.

1° L. aut. sig. au marquis ...; Ivry-sur-Seine, 27 janvier 1819, 1 p. in-4.

2° L. sig. (au ministre des finances); 5 août 1817, 2 p. in-4.

Réclamations fort vives contre une surcharge de contributions dont ses biens ont été l'objet.

646. **ORLOFF** (Michel), général russe, signataire de la capitulation de Paris en 1814, célèbre par son libéralisme.

L. aut. sig. à la Société d'instruction élémentaire de Paris; Kieff 1818, 1 p. pl. in-fol.

Belle lettre, pleine de nobles sentiments, relative à la propagation de l'enseignement mutuel en Russie.

647. **OSSAT** (le cardinal Arnaud d'), illustre négociateur.

L. aut. sig. au duc de Nivernois; Rome, 17 septembre 1595, 1 p. in-fol., cachet.

Pièce historique. — Il lui annonce en toute hâte que le Pape vient de prononcer l'absolution de Henri IV. « Ce matin, Sa Sainteté accompagnée de tout le collège des cardinaux, l'ha donnée en public au portique de l'église de Saint-Pierre, avec toute la solennité et allegresse publique qu'on eust pu desirer. »

648. **PACCA** (le cardinal), diplomate et ministre, auteur de *Mémoires*.

L. aut. sig., en italien; 3/4 de p. in-4.

649. **PEIRESC** (Nas Cl. Fabri de), illustre savant du XVIIe siècle.

L. aut. sig. à Samuel Petit; Boisgeney près Tollon, 5 oct. 1630, 3 p. in-fol., cachet.

Epître intéressante, toute pleine de nouvelles politiques et littéraires.

650. **PENTHIÈVRE** (L. J. M. de Bourbon), amiral de France.

L. aut. sig. au duc de Fleury; Paris 1779, 3/4 de p. in-4.

651. **PEREZ** (Antonio), illustre et infortuné ministre de Philippe II.

L. sig., en espagnol, à Philippe II; (1597), 3 p. 1/2 in-fol.

Touchante lettre, écrite par Perez de sa prison. Craignant chaque jour mourir de chagrin, il supplie le roi de lui rendre la liberté, et de lui permettre d'aller finir ses jours dans l'exil, avec son père, sa femme et ses enfants.

652. **PRÉVILLE** (P. L. Dubus, dit), l'un des meilleurs comédiens du siècle dernier.

B. aut. sig., 1/2 p. in-8.

653. **RENAUDOT** (Eusèbe), savant écrivain ecclésiastique, de l'Acad. fr.

1° L. aut. sig. à Monseigneur ...; 1 p. in-4.

2° Pièce aut., 5 p. 1/4 in-4.

Curieux compte rendu des deux derniers tomes de l'*Histoire de la guerre civile*, écrite en italien par feu l'abbé *Siri*.

654. **REVEILLÈRE-LEPEAUX** (L. M.), conventionnel, le pape des Théo-philanthropes.

Note aut. sig. au ministre de l'intérieur; 3 floréal an VII, 1 p. pl. in-4.

Chaude recommandation en faveur du citoyen *Van-Spaendonck* (célèbre peintre de fleurs).

655. **RIVET** (André), ministre et écrivain protestant.

L. aut. sig. à Samuel Petit; La Haye, 28 décembre 1637, 1 p. in-fol. Jolie lettre.

656. **ROBESPIERRE** (Maximilien), conventionnel, décapité le 10 thermidor.

L. aut. à ses *frères et amis*, 1 p. 3/4 in-4.

Cette pièce, qui est, sans aucun doute, adressée au club des Jacobins d'Arras, a été écrite à la suite de l'affaire du Champ-de-Mars, vers le mois d'août 1791. Après avoir appris à ses compatriotes la scission qui a éclaté entre les Jacobins et les Feuillants, il leur reproche d'avoir penché pour ceux-ci, et se plaint d'être calomnié auprès d'eux. « Il est naturel que tous les ennemis du bien public soient les miens, et qu'ils s'agitent surtout, au milieu de mes compatriotes, avec une vivacité, proportionnée à mon dévouement pour leur bonheur....»

657. **ROCHAMBEAU** (le c^te^ de), maréchal de France.

L. aut. sig.; Saint-Malo 1779, 3/4 de p. in-4.

658. **ROIS DE FRANCE.** Cinq pièces.

Louis XIII. L. sig., 1640, 1 p. 1/2 in-fol. — Louis XVI. P. sig., 1780, 1 p. in-fol. — Louis XVIII. P. sig., 1787, 1/2 p. in-4. — Charles X. L. et P. sig., 1774 et 1818.

659. **ROUGET DE LISLE**, auteur de *La Marseillaise*.

L. aut. sig.; Paris, 11 décembre 1809, 2 p. in-4.

Demande pressante d'un prêt de 1500 fr. pour aller rejoindre son frère en Hollande.

660. **RUINART** (Dom Thierry), Bénédictin, hagiographe.

L. aut. sig. à Guil. Lapare; Paris, 20 février 1708, 1 p. in-4, Cachets.

661. **SAINT-JUST**, conventionnel, décapité avec Robespierre.

1° Pièce aut., 1 p. 1/4 in-4.

Curieux projet pour l'établissement d'une *Censure*. Remplaçant les armées révolutionnaires supprimées, elle doit suivre pas-à-pas l'homme en place, ne porter ni sur le peuple ni sur les mœurs. «Un gouvernement révolutionnaire ne peut être maintenu que par un tyran, ou par la justice et la censure inflexible.

2° Arrêté du comité de salut public, sig. de Saint-Just, Billaud-Varenne et R. Lindet; 20 messidor an II, 1 p. in-fol., tête impr.

662. **SANSON**, exécuteur des hautes-œuvres, père de Charles-Henri.

L. aut. sig., 1 p. 1/4 in-fol.

663. **SANTERRE**, fameux commandant de la garde nationale parisienne.

L. aut. sig. *Santerre, brasseur, faubourg Saint-Antoine*; Paris, 6 frimaire an III, 1 p. in-4.

664. **LE MÊME.**

L. aut. sig. au g^al^ Chabot; Doué, 4 octobre 1793, 1 p. in-fol., tête impr.

Il lui recommande de prendre sur le champ le commandement de l'armée de Doué, en marche pour Thouars.

665. **SARRAZIN**, général et écrivain, condamné pour crime de bigamie.

L. aut. sig. au rédacteur des *Annales*; Paris, 1er mars 1819, 2 p. 3/4 in-fol. Toute relative à son procès.

666. **SÉBASTIANI** (Horace), maréchal de France.

L. aut. sig. au général...; Constantinople, 26 novembre (1806), 1 p. in-4.

Lettre politique fort intéressante, écrite en qualité d'ambassadeur à Constantinople. La politique de la Sublime Porte nous est devenue tout à fait favorable; elle prépare ses moyens de défense contre les Anglais et les Russes, et Sébastiani demande des officiers d'artillerie et du génie. «Les victoires de Sa Majesté ont changé entièrement le système du ministère turc, et il est aujourd'hui aussi ami de la France que nous pouvons le désirer.»

667. **LE MÊME.**

1° L. aut., à la 3e personne, 1 p. in-8. — 2° L. sig. au ministre de la guerre; Amiens, 17 avril 1815, 3 p. 1/2 in-fol.

Toute relative à l'esprit public du département de la Somme et notamment de la ville d'Amiens, qu'il trouve très-opposé au gouvernement de l'Empereur.

668. **SIDNEY-SMITH** (W.), célèbre amiral anglais.

L. aut. sig. au duc d'Otrante ; Paris, 10 juillet 1815, 1 p. in-4.

669. **SUCHET** (L. G.), duc d'Albuféra, maréchal de France.

L. aut. sig. ; Saint-Just 1817, 1 p. 1/2 in-4 ; plus une pièce signée.

670. **SUFFREN** (Jean), Jésuite, confesseur de Louis XIII, né à Salon en Provence.

L. aut. sig. à Madame ... ; Saint-Louis, 3 février 1626, 1 p. in-fol.

671. **TALLEYRAND** (le prince de), illustre diplomate.

L. aut. sig. *Tall.*, 1 p. in-12.

672. **VICTOR**, duc de Bellune, maréchal de France.

1° Sept L. aut. sig. à M. Delacroix, maire de Valence ; Paris, 16 déc. 1839 — 26 janvier 1840, 11 p. in-8. ou in-4.

Correspondance piquante, relative à la *Notice sur la jeunesse de l'empereur Napoléon*, où l'auteur, Alex. Dumas, prétend que le maréchal Victor a été, en 1790, épicier et ménétrier à Valence. Le maréchal combat cette assertion, bien qu'une personne notable du pays l'affirme par écrit, et demande avec instance, dans chacune de ses lettres, un certificat de la mairie, afin de faire cesser les sarcasmes dont il est l'objet, même dans les journaux. « Je n'ai jamais été épicier, et encore moins ménétrier. Il est possible que l'on ait fait le commerce d'épicerie dans la maison que j'occupais en partie, mais ce n'était pas assurément pour mon compte. Je n'étais pas ménétrier par la raison que je m'amusais quelquefois à accompagner des musiciens payés pour faire danser. Je ne méprise pas ces deux professions, mais ne les ayant pas exercées, on ne doit pas faire croire le contraire par un mensonge. »

2° Projet de lettre, aut., de M. Delacroix, au maréchal, où il lui dit que son acte de mariage, du 16 mai 1791, le qualifie de *négociant*, et que c'est sans doute ce qui aura donné lieu à l'assertion mensongère dont il se plaint.

3° L. aut sig. d'Alex. Dumas à M. Delacroix, 1 p. in-8.

Relative au procès en diffamation dont le menace le duc de Bellune. « Songez que c'est de l'histoire et non du roman que nous faisons, Monsieur, et que l'histoire comme le jury a le droit d'exiger toute la vérité, sans haine et sans crainte. »

673. **VINCENT DE PAUL** (Saint), l'illustre fondateur de *la Mission*.

L. sig. à Monseigneur de Narbonne ; Paris, 12 sept. 1659, 2 p. in-4. Quelques trous, proprement bouchés.

Annonce de l'envoi de 3 prêtres et de 3 filles de la Charité, « qui auront l'honneur d'accompagner la Mère supérieure de Sainte-Marie de Thoulouse. »

674. **WELLINGTON** (le duc de), généralissime des armées anglaises.

L. aut. sig., à la 3ᵉ personne, en français, au gal Donnadieu ; Londres 1834, 1/2 p. in-4.

675. **WESTERMANN**, célèbre général républicain, décapité en l'an II.

L. aut. sig. au ministre de la guerre ; Paris, 18 mai 1793, 1 p. 1/2 in-4. *Rare.*

LIVRES.

1. Sainte Bible, trad. par Lemaistre de Sacy ; *Paris, Furne*, 1841, 4 v. gr. in-8, figures, 1/2 rel. v., à nerfs. Bel exemplaire.
2. Liber psalmorum Davidis ; Lutetiæ, *ex off. Rob. Stephani*, 1546, 1 v. in-8, pap. réglé, rel. en mauvais état. Exemplaire avec une

table de 3 p. aut. du poëte *Philippe Desportes*, qui a mis sa signature deux fois sur le titre.

3. Justi Lipsi de cruce libri tres; *Antverpiæ, ex off. Plantiniana*, 1595, 1 v. in-8, rel. vél., cordé. Un grand nombre de figures dans le texte.

4. Encyclopédie, ou dictionnaire raisonné des sciences, des arts et des métiers, publiée par Diderot et d'Alembert. *Genève*, 39 v. in-4, dont 3 de planches, dos mar. rouge, plats v. marbré, tr. dor.

5. Dictionnaire d'histoire naturelle, par Valmont de Bomare; *Paris* 1775, 6 v. in-4, rel. v.

6. Le même. *Lyon* 1790, 15 v. in-8, 1/2 rel. bas.

7. Médecine domestique, par Buchan; *Paris* 1789, 5 v. in-8, port., 1/2 rel. bas.

8. Atlas universel, par Robert de Vaugondy, un gros v. in-fol., 1/2 rel. bas. *Cet atlas se compose de 147 cartes, et comprend celles des anciennes provinces de la France.*

9. Voyages de Corneille Lebruyn en Moscovie, en Perse, aux Indes-Orientales, dans l'Asie-Mineure, etc.; *Paris* 1725, 5 v. in-4, avec un grand nombre de figures, rel. bas. fil.

10. Description de l'Arabie, par Niebuhr; *Paris* 1779, 2 v. in-4, en 1, cartes et figures, rel. bas.

11. Voyages de Pallas en Russie et en Asie; *Paris* an II, 8 v. in-8, rel. bas. fil., avec un atlas in-4.

12. Voyage autour du monde, pendant les années 1790-92, par Marchand; *Paris, imp. nat.*, an VI-VIII, 5 v. in-8, cart. Bradel, non rog., avec un atlas.

13. Histoire générale des voyages, par l'abbé Prévost; *Paris* 1746-89, 20 v. in-4, enrichis de planches et gravures, rel. v.

14. Ephémérides politiques, littéraires et religieuses, par Noël et Planche; *Paris* 1803, 12 v. in-8, 1/2 rel. bas.

15. Histoire des Celtes, et particulièrement des Gaulois et des Germains, par Pelloutier; *Paris* 1770, 8 v. in-12, cart., non rog.

16. Histoire de France, par Michelet; *Paris* 1833-44, 6 v. in-8, br.

17. Mémoire sur les limites de l'empire de Charlemagne, par Dom Lièble; *Paris* 1765, in-12, bas.

18. Histoire et cronique du tres chrestien roy Saint-Louis, escritte par feu messire J. de Joinville, mise en lumière par Ant. P. de Rieus; *Poitiers, de l'imp. d'Enguilbert de Marnef*, 1 v. pet. in-4, rel. v.

19. Mémoires pour servir à l'histoire de France, depuis 1515 jusqu'en 1611, par l'Estoile; *Cologne* 1719, 2 v. in 8, figures et portraits, rel. v.

20. Lettre de P. Charpentier, adressée à Fr. Portes Candiois; 1572, in-12, 1/2 rel. v.

21. Histoire de Louis XIII, par Levassor; *Amsterdam* 1757, 7 v. in-4, rel. v. rac. fil. tr. dor.

22. Conjuration de Conchine, ou l'histoire des mouvements derniers; *Paris* 1619, 1 v. in-8, rel. v. fauve, fil. rog.

23. Mémoires de M. de Montrésor; *Leyde, J. Sambix (Elzevir)*, 1665-7, 2 v. in-18, rel. vél. cordé.

24. Mémoires d'un favory de S. A. R. M. le duc d'Orléans; *Leyde, J. Sambix*, 1669, in-18, rel. v. fil. — Mémoires de Pontis; *Paris* 1678, 2 v. in-12, rel. bas. Avec une note aut. d'Adry sur la famille de Pontis.

25. La cour et la ville sous Louis XIV, Louis XV et Louis XVI, ou

révélations histor. tirées de manuscrits inédits, et publ. par Fr. Barrière; *Paris* 1830, 1 vol. in-8, 1/2 rel. bas.

26. Journal historique du règne de Louis XV; *Paris* 1766, 1 v. in-8, Port., rel. v. f.

27. Chefs-d'œuvre politiques et littéraires de la fin du XVIIIe siècle, ou choix des productions les plus piquantes que les lumières et le ridicule, la philosophie et la gaité, la raison et la bizarrerie ont fait éclore dans cette époque intéressante; 1788, 3 v. in-8, br. Deux légers trous faits par un clou à l'emballage. Recueil curieux et peu commun.

28. Souvenirs d'un déporté; pour servir aux historiens, aux romanciers, aux compilateurs d'ana, etc.; par P. Villiers; *Paris* 1802, in-8, 1/2 rel. v. fauve, ébarbé. — Recueil de pensées, anecdotes, et aperçus sur divers objets; *Rouen* 1817, in-8, 1/2 rel. v. fauve. (Muller.)

29. Collection de documents inédits relatifs à l'histoire de France, publiés par ordre du gouvernement, 86 v. in-4, br. et cart. Iconographie chrétienne et histoire de Dieu, 1 v.; — Les quatre livres des rois, 1 v.; — L'éclaircissement de la langue française, 1 v.; — Le livre des métiers, 1 v.; — Li livres de jostice et de plet, 1 v.; — Les olim, 4 v.; — Histoire de la croisade contre les Albigeois, 1 v.; — Ouvrages inédits d'Abailard, 1 v.; — Chronique de Bertrand Duguesclin, 2 v.; — Chronique des religieux de Saint-Denis, 6 v.; — Chroniques des ducs de Normandie, 3 v.; — Procès des Templiers, 2 v.; — Paris sous Philippe-le-Bel, 1 v.; — Procès-verbaux du conseil de régence de Charles VIII, 1 v.; — Journal des états généraux sous Charles VIII, 1 v.; — Procès-verbaux des états généraux de 1593, 1 v.; — Captivité de François Ier, 1 v.; — Recueil de lettres missives de Henri IV, 5 v.; — Correspondance administrative sous le règne de Louis XIV, 3 v.; — Correspondance de Sourdis, 3 v.; — Lettres de rois, reines et autres personnages, 2 v.; — Rapports au ministre et au roi, 2 v.; — Négociations relatives au règne de Henri II, 1 v.; — Négociations de la France dans le Levant, 2 v.; — Négociations entre la France et l'Autriche, 2 v.; — Négociations relatives à la succession d'Espagne, par Mignet, 4 v.; — Mémoires relatifs à la succession d'Espagne, 8 v.; — Papiers d'Etat du cardinal Granvelle, 8 v.; — Relations des ambassadeurs vénitiens 2 v.; — Cartulaires de l'abbaye de Saint-Pierre de Chartres, 2 v.; — Cartulaires de l'abbaye de Saint-Bertin, 1 v.; — Archives de la ville de Reims, 9 v.; — Documents historiques tirés des collections manuscrites de la bibliothèque royale, 4 v.

30. Dissertations sur la mythologie française, et sur plusieurs points curieux de l'histoire de France, par Bullet; *Paris* 1771, in-12, rel. v.

31. Mémoires de Pierre de Miraulmont sur l'origine et l'institution des cours souveraines; *Paris* 1584, 1 v. in-8, rel. v. fauve, fil. tr. dor. Exemplaire de Sorbière, avec sa signature sur le titre.

32. Mémoires et recueil de l'origine, alliance et succession de la royale famille de Bourbon; *à La Rochelle* 1587, pet. in-8, rel. vél.

33. Quel fut l'état des personnes en France sous la première et la seconde race de nos rois? par l'abbé de Gourcy; *Paris* 1769, in-12, rel. v. — Traité des marques nationales, par Beneton de Morange; *Paris* 1739, in-12, rel. v. — Mémoires hist. et crit. sur divers points de l'histoire de France et plusieurs autres

sujets curieux, par Mézeray; *Amsterdam* 1732, 2 t. en 1 v. in-12, rel. v. — Pièces intéressantes et peu connues pour servir à l'histoire; *Bruxelles* 1781, in-12, rel. v.

34. Recueil de divers écrits pour servir d'éclaircissement à l'histoire de France, et de supplément à la notice des Gaules, par l'abbé Lebeuf; *Paris* 1738, 2 v. in-12, cart., non rog.

35. Curiosités historiques, ou recueil de pièces relatives à l'histoire de France; *Amsterdam* 1769, 2 v. in-18, rel. v.

36. Histoire de l'origine et fondation du vicariat de Ponthoise; *Paris* 1636, 1 v. in-4, rel. bas., tr. dor. — Abrégé histor. de l'église Notre-Dame de Pontoise; *Troyes, chez P. Michelin*, 1 v. in-12, rel. vél. — Abrégé des antiquités de la ville de Pontoise, et personnes illustres de ladite ville; *Rouen* 1720, 1 v. in-8, br. Ce lot sera divisé.

37. Histoire de Blois, par J. Bernier; *Paris* 1682, 1 v. in-4, cart., rel. v. Exemplaire de Daguesseau.

38. Essais hist. sur Orléans, (par Beauvais de Préau); *Orléans* 1778, in-12, br.

39. Histoire de la ville de Saint-Aignan (Loir-et-Cher), par J. J. Delorme; *Saint-Aignan* 1846, 2 v. in-8, br.

40. Voyage du jeune Anacharsis en Grèce, par Barthélemy; *Paris* 1790, 7 v. in-8, rel. v. fil. tr. dor., avec un atlas in-4.

41. La république romaine, ou plan général de l'ancien gouvernement de Rome, par de Beaufort; *Paris* 1767, 6 v. in-12, rel. v.

42. Histoire de la décadence et de la chute de l'empire romain, trad. de l'anglais de Gibbon, par de Septchênes; *Paris* 1788-95, 18 v. in-8, rel. v. fil.

43. Mémoires de Gibbon, publiés par lord Sheffield; *Paris an V*, 2 v. in-8, rel. bas.

44. Abrégé chronologique de l'histoire générale d'Italie, par de Saint-Marc, *Paris* 1761-70, 6 v. pet. in-8, rel. v. fil.

45. Histoire de la république de Venise, par l'abbé (Laugier); *Paris* 1759-66, 12 v. in-12, 1/2 rel. bas.

46. Histoire d'Angleterre, par Hume; *Londres* 1783, 6 v. in-4, portraits, rel. bas. *Une piqûre à la fin du 1er volume.*

47. Essai sur la musique ancienne et moderne, (par De Laborde); *Paris* 1780, 4 v. in-4, figures, rel. v.

48. Recueil d'Edit, arrêt du Conseil du Roi, Lettres Patentes, mémoires et arrêts du Parlement, etc., en faveur des musiciens du royaume; *de l'imprimerie de Ballard*, 1 v. in-8, rel. v. f., filets.

49. La pratique du théâtre, par l'abbé d'Aubignac; *Amsterdam* 1715, 2 v. in-8, fig. rel. v. fil.

50. De l'art de la comédie, par de Cailhava; *Paris* 1792, 4 v. in-8, rel. v.

51. Essai sur l'histoire générale de l'art militaire, par Carion Nisas; *Paris* 1824, 3 v. in-8, ornés de 14 planches; broch.

52. Histoire d'Hérodote, trad. du grec par Larcher; *Paris* 1786, 7 v. gr. in-8, pap. de Hollande, rel. v. fil.

53. Idyles de Théocrite, trad. par Gail; *Paris an IV*, 2 v. in-4, pap. vél., figures de Barbier et Boichot, cart. non rog.

54. Juvenalis et Persii satiræ, illustratæ a Lud. Achaintre; *Parisiis, Firmin Didot*, 1818-12, 3 v. in-8, gr. pap. vél.; 1/2 rel. v. non rog., 1 fig.

55. Jos. Jouvencii Ratio discendi et docendi, 1 v.; Musas Rhetorices, mandavit et recognovit Amar, 1 v.; Poemata didascalica, studiis Fr. Oudin, 3 v.; Telemachiada, è gallico sermone Fénelon, in

latinum carmen transtulit Steph.-Bern. Viel, 1 v., figures : — *Paris, Delalain*, 1809-14, 6 v. in-12, rel. v., fil. tr. dor.

56. Œuvres de maître Alain Chartier, revues et corrigées par André Du Chesne; *Paris* 1717, 1 v. in-4, rel. v.

57. Poësies de Madame et de Mademoiselle Deshoulières, *Paris, chez Jean Villette* 1694-95, 2 v. in-12. Rel. v. filets tr. dor.
Sur la garde du second volume on lit ces mots d'une écriture ancienne, *pour Monsieur Charpentier.*

58. Lettres de M. de Voiture; *Amst., J. de Ravesteyn (Elzevir)*, 1657-9, 1 v. in-18, rel. v. gauffré.

59. Les mille et une faveurs, contes de cour tirés de l'ancien gaulois par la reine de Navarre; *Londres* 1783, 5 v. in-12, rel. bas. — Le Sopha, conte moral, (par Crébillon fils); *l'an de l'hégire* 1120, 2 v. in-12, rel. bas. fil.

60. Poësies diverses de M. Cocquard; *Dijon* 1754, 2 v. in-18, rel. v. — La sagesse et la folie, poësies diverses; *Amsterdam* 1766, 1 v. in-18, rel. v. — Les œuvres de M. de Voiture; *Paris* 1691, 2 v. in-12, port., rel. v.

61. Essais de Montaigne; *Paris, Didot l'aîné*, 1802, 4 v. pet. in-8, pap. vél. cart. non rog.

62. Œuvres de Fontenelle; *Paris, Bastien*, 1790, 8 v. in-8, rel. bas.

63. Œuvres de Dumarsais; *Paris* 1797, 7 v. in-8, 1/2 rel. bas.

64. Œuvres complètes d'Helvétius; *Paris, Didot l'aîné*, 1795, 14 v. in-18, gr. pap. vél., 1/2 rel. v. non rog.

65. Œuvres complètes de Condillac; *Paris* 1798, 23 v. in-8, rel. v. fil.

66. Chefs-d'œuvres de P. Corneille; *Paris, Didot l'aîné*, 1814, 3 v. in-8, pap. vél., 1/2 rel. v. non rog.

67. Œuvres de Jean Racine; *Paris, Didot l'aîné*, 1813, 5 v. in-8, pap. vél., 1/2 rel. v. non rog.

68. Œuvres de Molière, avec des remarques, des avertissements et des observations sur chaque pièce, par Bret; *Paris* 1773, 6 v. in-8, rel. v. fauve, fil. tr. dor. *Manque le tome 2ᵉ.*

69. Fables de Lafontaine; *Paris, Didot l'aîné*, 1813, 2 v. in-8, pap. vél., 1/2 rel. v. non rog. — Poësies de Malherbe; *Paris, le même*, 1815, 1 v. in-8, pap. vél. 1/2 rel. v. non rog.

70. Discours sur l'histoire universelle, par Bossuet. — Oraisons funèbres, du même; — Petit carême de Massillon; *Paris, Didot l'aîné*, 1812-14, 4 v. in-8, pap. vél., 1/2 rel. v. non rog.

71. Aventures de Télémaque, par Fénelon; *Paris, Didot l'aîné*, 1814, 2 v. in-8, pap. vél., 1/2 rel. v. non rog.

72. Caractères de La Bruyère; *Paris, Didot l'aîné*, 1813, 2 v. in-8, pap. vél., 1/2 rel. v. non rog.

73. Œuvres complètes de Voltaire; *De l'imprimerie de la société typographique*, 92 v. gr. in-12, portrait, rel. bas. fil.

74. La Henriade, par Voltaire; — Considérations sur les causes de la grandeur des Romains, par Montesquieu; *Paris, Didot l'aîné*, 1814, 2 v. in-8, 1/2 rel. v. non rog.

75. Œuvres complètes de J. B. Rousseau; *Paris, Bigot, an IV*, 5 v. in-12, gr. papier, port., rel. bas. fil.

76. Œuvres complètes de J. J. Rousseau; *Paris, Didot l'aîné*, 1801, 20 v. in-8, pap. vél., 1/2 rel., v. non rog.

77. Œuvres de Colardeau; *Paris, Didot*, 1803, 4 v. in-18, pap. vél., port., v. fil. tr. dor.

78. Histoire naturelle de Buffon, avec notes de Sonini; *Paris* 1798-1807, 127 v. in-8, figures noires, cart.

79. The complete Works of lord Byron; *Brussels* 1830, 1 v. gr. in-8, portrait, cart., non rog.

80. Répertoire du théâtre français, publié par Petitot; *Paris* 1803-4, 23 v. in-8, rel. bas. fil. *Reliure fatiguée.*

81. Bibliothèque dramatique, ou répertoire universel du théâtre français, avec des remarques par Ch. Nodier et Lepeintre; *Paris* 1824-25, 24 v. in-8, portraits, brochés.

82. Cours de littérature ancienne et moderne, par Laharpe; *Paris an VII*, 16 v. in-8, 1/2 rel. bas.

83. Séances des écoles normales, recueillies par des sténographes, et revues par les professeurs; *Paris, de l'imprimerie du cercle social*, 1800-1801. Leçons, 10 v.; Débats, 3 v.; en tout, 13 v. in 8, cart. Bradel, non rog.

84. Bibliothèque orientale, ou dictionnaire universel contenant tout ce qui fait connaître les peuples de l'Orient, par d'Herbelot; *Paris* 1781, 5 v. in-8, 1/2 rel. bas., fil.

85. Variétés historiques, physiques et littéraires, ou recherches d'un savant; *Paris* 1752, 3 v. in-12, rel. v.

86. Singularités historiques et littéraires, (par Dom Liron); *Paris* 1738-40, 4 v. in-12, rel. v. racine. — Histoire d'un voyage littéraire fait en 1723 en France, en Angleterre et en Hollande; *La Haye* 1736, in-12, rel. bas.

87. Tablettes d'un curieux, ou variétés histor., littér. et morales, (publ. par Sautereau de Marsy); *Bruxelles* 1789, 2 v. in-12, br.

88. Questions inouïes, et questions harmoniques, (par le P. Mersenne); *Paris* 1634, 1 v. in-8, rel. bas.

89. Mélanges d'histoire et de littérature, recueillis par de Vigneul-Marville; *Paris et Rouen* 1701, 3 v. in-12, rel. v.

90. Chants et chansons populaires de la France, *Paris, Delloye*, 1843-4, 3 v. gr. in-8, figures et musique, br.

91. Santeuilliana, ou les bons mots de M. de Santeuil, avec un abrégé du sa vie; *La Haye* 1708, 1 v. in-8, rel. v. 1re éd.

92. Naudæana et Patiniana, ou singularités remarquables prises des conversations de MM. Naudé et Patin; *Amsterdam* 1703, 1 v. in-12, 2 port., rel v. fil. Bel exemplaire.

93. Ménagiana; *Paris* 1693, 1 v. in-12, rel. bas. — Anti-Ménagiana, (par Bernier); *Paris* 1693, 1 v. in-12, rel. bas. Exemplaire avec 8 pages de notes aut. sur l'ouvrage, de l'abbé Jamet.

94. Saint-Evremoniana; *Paris* 1740, in-12, port., rel. bas. — Chevræana; *Paris* 1697-1700, 2 v. in-12, rel. bas., rel. différentes. — Arlequiniana; *Paris* 1733, in-18, port., br.

95. Varillasiana; *Amsterdam* 1734, in-12, 1/2 rel. mouton.

95. Champfortiana, précédé d'une notice sur Champfort; *Paris* 1802, 1 v. in-12, cart., non rog.

97. Carpentariana, bons mots de M. Charpentier; *Paris* 1724, 1 v. in-12, rel. v. f., fil. Bel exemplaire.

98. Orientaliana; *Paris* 1701, in-12, rel. bas.

99. Essai sur les écrits politiques de Christine de Pisan; par R. Thomassy; *Paris* 1838, in-8, br. — De Maria Stuarta, conscripsit Cheruel; Rotomagi 1849, in-8, br.

100. Heroinæ nobilissimæ Joannæ Darc lotharingæ, vulgo aurelianensis puellæ, historia, authore J. Hordal; *Ponti Mussi* 1612, pet. in-4, rel. vél., 2 port. et tit. gravés par L. Gaultier, (bonnes épreuves).

101. Histoire de Jeanne-d'Arc, vierge, héroïne et martyre d'Etat, par Lenglet Dufresnoy; *Paris* 1753, 2 v. in-12, 1/2 rel., bas.

102. Triumvirat littéraire au XVIe siècle : Juste Lipse, Jos. Scaliger et P. Causaubon, par Ch. Nisard; *Paris, Amyot*, in-8, br.

103. L'esprit de Guy Patin, avec son portrait historique; *Amsterdam* 1709, 1 v. in-12, rel. v.

104. Hist. de Mme de Sévigné, de sa famille et de ses amis, par Aubenas; *Paris* 1842, in-8, br.

105. Mémoires pour servir à l'histoire de la vie et des ouvrages de Lenglet Dufresnoy; 1761, in-12, rel. v. — Eloge de Dom d'Achéry, par Maugendre; 1776, in-12, dérel. — Vie de J. J. Olier, prêtre; 1687, in-18, rel. bas. — Remarques d'estat et histoire sur la vie et les services de M. de Villeroy, p. P. Mathieu; *Lyon* 1622, in-18, cart.

106. Réflexions sur les grands hommes qui sont morts en plaisantant, (par Deslandes); *Amsterdam* 1758, in-18, br.

107. Le même; *Amsterdam* 1732, 1 v. in-18, fig. rel. v.

108. Notices (13) in-8, brochées, sur les personnages suivants : J. Fr. Foppens, par Reiffenberg; Quérard; Bossuet, par Floquet, 2 pièces; Fermat, par Libri; Mme Duplessis-Mornay, par Ad. Schæffer; Marmontel, Lanjuinais, etc.

109. Bibliothèque hist. et crit. des auteurs de la congrég. de Saint-Maur, par Dom Ph. Lecerf; *La Haye* 1726, in-12, rel. bas.

110. Bibliothèque générale des écrivains de l'ordre de Saint-Benoit, (par Dom J. François); *Bouillon* 1777-8, 4 v. in-4, 1/2 rel. v., à nerfs, non rog.

111. Catalogue des livres de la bibliothèque de Secousse; *Paris, Barrois*, 1755, in-8, rel. v. *Exemplaire de Courtanvaux, avec les prix.*

OPUSCULES DE GABRIEL PEIGNOT.

112. Principes élémentaires de morale; *Paris* 1809, 1 v. in-12, pap. vél., 1/2 rel. cuir de Russie.

113. Précis hist. et analyt. des conventions ecclésiastiques, depuis Saint-Louis jusqu'à Louis XVIII; *Paris* 1817, in-8, de 156 pages, 1/2 rel. dor. et coins maroq. rouge, ébarbé, tr. supérieur dor. (capé.)

114. Notice des ouvrages de bibliologie, d'hist., de philologie, etc., tant imprimés que manuscrits, de G. Peignot; *Paris* 1830, in-8, de 52 p. dérel. — De l'état actuel de la langue française, par Crapelet, (avec une lettre de G. Peignot); 22 p. in-8, br.

115. Nouvelles recherches chronol. litt. et philologiques sur la vie et les ouvrages de Bernard de La Monnaye; 1832, in-8, portrait, 1/2 rel. dor. et coins maroq. rouge, ébarbé, tr. sup. dor. (Capé).

Tirées des mémoires de l'Acad. des sciences de Dijon.

116. Essai hist. sur la liberté d'écrire chez les anciens et au moyen âge; *Paris* 1832, in-8 de 218 pages, dérel.

117. Recherches hist. et biblog. sur les autographes; *Dijon* 1836, in-8 de 90 pages, dérel.

118. Notice sur la vie et les ouvrages d'Amanton; *Dijon* 1837, in-8 de 23 pages, dérel. — Du luxe de Cléopâtre dans ses festins; 21 p. in-8. — Des comestibles et des vins de la Grèce et de l'Italie, en usage chez les Romains; 42 p. in-8.

Les deux derniers opuscules sont détachés des mémoires de l'Acad. de Dijon.

119. Recherches hist. sur l'origine et l'usage de l'instrument de pénitence appelé discipline; *Dijon* 1841, in-8 de 31 p., dérel.

www.ingramcontent.com/pod-product-compliance
Ingram Content Group UK Ltd.
Pitfield, Milton Keynes, MK11 3LW, UK
UKHW022121260726
13993UKWH00003B/1155